CHAQUE PIÈCE, 20 CENTIMES.   THÉATRE CONTEMPORAIN ILLUSTRÉ   MICHEL LÉVY FRÈRES, ÉDITEURS,
40ᵉ LIVRAISON.   RUE VIVIENNE, 2 BIS.

L'OUVRIER

DRAME EN CINQ ACTES
PAR
FRÉDÉRIC SOULIÉ
REPRÉSENTÉ POUR LA PREMIÈRE FOIS, A PARIS, SUR LE THÉATRE DE L'AMBIGU-COMIQUE, LE 18 JANVIER 1840.

DISTRIBUTION DE LA PIÈCE :

LOMBARD, menuisier...............	MM. SAINT-ERNEST.	JACQUES.......................	MM. MONNET.
AUGUSTE, } ses fils.................	ALBERT.	UN DOMESTIQUE...............	EUGÈNE.
VICTOR,	PAUL LABA.	MADAME DE GÈVRES...........	Mmes LAMBQUIN.
M. DE MONNERAIS.................	SAINT-HILAIRE.	EUGÉNIE, sa petite-fille........	FIERVILLE.
JULES DE MONNERAIS, son fils....	ANATOLE GRAS.	JULIENNE, nièce de Lombard....	Mlle ROUGEMONT.
ROUSSILLON........................	BOUTIN.	OUVRIERS MENUISIERS.	

— Droits de représentation, de reproduction et de traduction réservés. —

ACTE PREMIER.

Le théâtre représente une cour. On voit, à droite et à gauche, des ateliers vitrés, avec des outils de menuiserie. Parmi ces constructions, une espèce de petite maisonnette où est un bureau. Au fond, une porte cochère et la loge du concierge.

SCÈNE PREMIÈRE.

JULIENNE, JACQUES, puis AUGUSTE.

JULIENNE. Mon oncle n'est pas rentré?
JACQUES. Non, Mamzelle... M. Lombard est sorti à midi... mais il y a loin du faubourg Saint-Symphorien à la grande place de Lille, chez l'entrepreneur de la nouvelle caserne... Et puis c'est le jour où M. Lombard doit toucher le montant de la menuiserie qu'il a fournie; et avant que le compte ne soit reconnu, discuté, arrêté, ça sera long, tout le monde ne traite pas les affaires rondement comme votre oncle.
JULIENNE. Tu as raison! et il ne rentrera pas sans avoir terminé, car c'est après-demain, lundi, la fin du mois... c'est le jour où il a à régler tous nos marchands, et il faut qu'il rapporte des fonds pour ce payement...
JACQUES. Et avec ça ceux de la paye, puisque c'est aujourd'hui le second samedi de la quinzaine...
JULIENNE. Il n'est que cinq heures... J'aurai le temps de finir mes comptes... Voyons! donne-moi ta feuille d'entrée et de sortie pour aujourd'hui.
JACQUES. Tout de suite... (Il va à la loge près de la porte du fond.)
JULIENNE. Je n'ai pas aperçu mon cousin Victor de la journée. Mon oncle n'est pas content de lui... Je voudrais prévenir mon cousin de ne pas sortir comme il fait tous les soirs dès que la journée est finie... son père finira par se fâcher...
AUGUSTE, arrivant à pas de loup, prend la taille de Julienne et l'embrasse. Vlan, tarabisco!
JULIENNE, avec un cri. Oh!
AUGUSTE. C'est moi, Auguste Lombard!
JULIENNE. Ah! c'est toi... viens un peu que je te parle. (Elle lui donne un soufflet avec son livre de comptes.) Vlan, battant maynaud!
AUGUSTE. Merci! je l'aurais autant aimé au naturel.
JULIENNE. Et la première fois que ça arrivera, je le dirai à mon oncle...

AUGUSTE. A mon père... j'aime encore mieux les battants meynaud.
JULIENNE. Voyons !... que viens-tu faire ici, paresseux ?
AUGUSTE. Paresseux !... Je n'ai pourtant pas mal employé mon temps.
JULIENNE. Auguste, prends-y garde ! mon oncle Lombard n'est pas plus content de toi que de Victor...
AUGUSTE. Ah ! bah ! je te voudrais à notre place, tu verrais si c'est facile de le contenter, mon père !...
JACQUES, qui s'est approché. C'est tout de même vrai que M. Lombard a des idées singulières. Certainement, c'est le plus honnête homme et le meilleur maître du pays... (Il danse la flûte) Voilà ! Mam'zelle... mais il a une drôle de manière de faire élever ses fils. Il leur fait apprendre les mathématiques, le dessin, toutes les sciences, quoi !... et puis il les fait travailler à l'atelier comme de simples ouvriers...
AUGUSTE. Et puis, parce que mon frère Victor aime mieux tenir un livre qu'une varlope, mon père n'est pas content.
JULIENNE. Et il a raison.
AUGUSTE. Et parce que j'aime mieux pousser une feuillure que de pâlir sur la géométrie de M. Legendre, il me tarabuste...
JULIENNE. Et il a raison.
AUGUSTE. Bon !... ça c'est facile à dire, à toi, Julienne, à qui il ne demande rien que ce qu'il lui plaît de faire...
JULIENNE. C'est que je ne suis que sa nièce et qu'il n'a pas d'ambition pour moi.
JACQUES. Ça n'empêche pas qu'il oblige mam'zelle Julienne à tenir les comptes de la maison comme un commis...
JULIENNE. Et il ne faut pas qu'il y ait d'erreur.
AUGUSTE. C'est que la quinzaine dernière, quand tu t'es trompée de vingt francs de trop sur le compte de Victor, au lieu de te gronder, mon père t'a tendu la main et t'a embrassée en te disant : Tu es une bonne fille, Julienne...
JULIENNE, à part. Pauvre Victor !
AUGUSTE. Si mon frère ou moi nous en avions fait autant, il y aurait eu un beau tapage... mais toi, tu n'as jamais tort... même quand tu fais les comptes de travers...
JULIENNE. Et comme je veux te faire justes aujourd'hui, je vais te rabattre sur ta journée une heure que tu viens de perdre là au lieu de travailler.
AUGUSTE. Hein !... ne va pas t'aviser de ça, au moins : j'ai besoin de tout mon argent...
JULIENNE. Pourquoi faire ?
AUGUSTE. Tiens !... pourquoi faire ?... tu verras... la sainte quelque chose approche... et...
JULIENNE. Ah ! pour ça, je ne veux pas... entends-tu !... Auguste...
AUGUSTE. Ah ! tu ne veux... pas. Mais je veux, moi ! Demain, 8 juillet 1816, c'est la fête de quelqu'un... et il y aura du tarabi-sco malgré toi. (Il lui envoie un baiser.)
JULIENNE, à part. Oui, demain, c'est ma fête... il s'en souvient, lui !...
AUGUSTE. Et je ne dis que ça... De ce côté-là, je suis sûr au moins de contenter mon père...
JULIENNE, à part. Mais Victor ne pense plus à rien... Allons, il faut finir ce compte.
AUGUSTE, à part. Roussillon m'a promis que ce serait soigné et cossu. (Roussillon paraît et se glisse du côté des ateliers.)
JULIENNE, qui a gagné la porte du bureau en lisant la feuille de Jacques. Jacques !
JACQUES. Mam'zelle !
JULIENNE. Comment ! aujourd'hui encore ce Roussillon est arrivé si tard ?
JACQUES. Oui, Mam'zelle, plus de deux heures après la journée commencée ; et il n'est pas rentré depuis l'heure du déjeuner.

SCÈNE II.

ROUSSILLON, AUGUSTE, JACQUES, JULIENNE.

ROUSSILLON, à part, du fond. Tu mens, vieux Cerbère, je suis rentré.
JULIENNE. Mon oncle n'aime pas les ouvriers paresseux, et il se fera renvoyer.
ROUSSILLON, de même. Je m'en irai bien tout seul.
AUGUSTE. Voyons, Julienne, sois gentille, remets-lui cette demi-journée-là ; c'est moi qui lui avais donné une commission.
JULIENNE. Eh bien ! tu la lui payeras.
AUGUSTE. Tu es bien méchante aujourd'hui.
JULIENNE. Si je l'étais, j'aurais beaucoup de choses à te dire, Auguste : tu ne quittes plus ce Roussillon, et Dieu sait s'il ne finira pas par t'entraîner dans quelque mauvaise affaire.

ROUSSILLON, de même. Et s'il y va, tu pourras bien l'y suivre, la belle !
AUGUSTE. Quand elle sera ma femme, c'est moi qui tiendrai les comptes. (Julienne sort, Jacques la suit.)

SCÈNE III.

ROUSSILLON, AUGUSTE, puis JACQUES.

ROUSSILLON. Je vous cherchais, monsieur Auguste !
AUGUSTE, vivement. Eh bien ?
ROUSSILLON, lui donnant un écrin et regardant autour de lui. Voilà !
AUGUSTE. Voyons un peu ! (Il ouvre l'écrin.) Qu'est-ce que c'est ?
ROUSSILLON. Ça ne vous plaît pas ?
AUGUSTE. Au contraire ; mais je t'avais demandé du gentil, et tu m'apportes des bijoux de duchesse, des boucles d'oreilles en rubis : merci !
ROUSSILLON. Comment ! vous refusez !... et vous dites que vous ê. s amoureux de votre cousine... Allons donc !... Ne savez-vous pas que les femmes sont comme les alouettes ? ça se prend à ce qui brille.
AUGUSTE. Avec quoi veux-tu que je paye ça ?
ROUSSILLON. Cinquante écus ! c'est donné !
AUGUSTE. C'est possible, car c'est d'un fameux goût, et ça irait à Julienne comme un bijou que ça est... Mais j'aurais beau faire suer les soixante francs de ma quinzaine, ça n'irait jamais à cinquante écus, car malheureusement les pièces de cent sous ne font pas de petits... Or, voilà. (Il lui tend l'écrin.)
ROUSSILLON, à part. Mille tonnerres ! il me faut de l'argent !
AUGUSTE, lui tendant toujours l'écrin. Prends donc ! j'irai demain à Lille, je ferai mon emplette moi-même.
ROUSSILLON. Voyons, je vous le laisse pour cent francs.
AUGUSTE. Tiens !... tu voulais donc gagner sur moi ?
ROUSSILLON. Eh ! non, je vous l'ai dit, j'ai trouvé ça chez un vieux brocanteur de ma connaissance, et il m'a chargé d'en avoir le plus que je pourrais...
AUGUSTE. Eh bien ! Roussillon, pas plus de cent francs que de cinquante écus. Je vais toucher ma quinzaine ; c'est soixante francs cinquante centimes à prendre ou à laisser.
ROUSSILLON, à part. Ça vaut toujours mieux que rien ! et pour ce que ça me coûte... (Haut.) Eh bien ! tope, à soixante francs comptant ; vous me payerez plus tard le reste.
AUGUSTE. Comme ça, je ne dis pas, c'est quarante francs que je te redevrai.
ROUSSILLON. C'est juste !... quand vous m'en aurez donné soixante.
AUGUSTE. Ça va sans dire. (Il sort.)
ROUSSILLON, à part. Et pour les autres, n'aie pas peur que je vienne te les demander. Et maintenant, il faut me faire renvoyer d'ici, pour n'avoir pas l'air d'avoir filé sans raison.
JACQUES, reparaissant. Ah ! c'est vous ! Depuis quand êtes-vous rentré ?
ROUSSILLON. C'est votre affaire de le savoir, concierge...
JACQUES. J'ai quitté un moment la porte...
ROUSSILLON. Et moi un moment l'atelier, partant quitte, mon vieux, va sonner la cloche... car voilà l'heure de la clôture définitive et sans remise...
JACQUES, s'éloignant. Ah ! quel garnement !
ROUSSILLON, seul. Ce gueux du logeur ! il veut absolument les cent francs pour me laisser sortir ma malle... avec ce qui me reviendra de ma quinzaine, ça fera l'affaire ; et ensuite, à pareille heure, bien fin qui me rattrapera en France !... Il n'y a pas de temps à perdre, car l'affaire sera bientôt éventée... et alors... (Jacques sonne, tous les ouvriers arrivent.)

SCÈNE IV.

LES OUVRIERS, sortant en foule des ateliers ; ROUSSILLON, JULIENNE, qui reparaît puis AUGUSTE et VICTOR.

LES OUVRIERS. Bonjour, mam'zelle Julienne, bonjour.
JULIENNE. Bonjour, bonjour !
ROUSSILLON. Eh bien ! ça commence-t-il, la paye ?
JULIENNE. J'attends mon oncle, et il ne va pas tarder à rentrer.
ROUSSILLON. Ah ! il paraît qu'on est plus pressé de nous demander de l'ouvrage que de nous donner de l'argent...
JULIENNE. Prenez garde à ce que vous dites, Roussillon, vous n'oseriez pas parler ainsi devant mon oncle.
JACQUES. Vous êtes donc bien pressé, que vous ne puissiez attendre une minute ?
ROUSSILLON, blaguant. C'est que je n'ai pas encore mangé la soupe, et que je l'adore, la soupe. (Il chante à tue-tête.)
Potage à la julienne !
JACQUES. Méchante canaille, te tairas-tu ?

ROUSSILLON. De quoi! de quoi!... est-ce qu'on ne peut pas chanter ici?
JACQUES. Eh bien! avise-toi de recommencer...
ROUSSILLON, reprenant en chantant.

Potage à la julienne!

LES OUVRIERS. Veux-tu te taire?
ROUSSILLON, se posant pour tirer la savate. Eh bien! après... allons! voyons! qu'est-ce qui veut que je lui prenne sa mesure sans règle ni compas?... Potage à la...
VICTOR, paraissant en costume d'ouvrier. Eh bien! qu'est-ce que c'est?...
TOUS LES OUVRIERS, s'écartant. M. Victor!
ROUSSILLON, à part. Ah! c'est le muscadin!
VICTOR. Encore vous, Monsieur!
ROUSSILLON. Toujours!
JACQUES. Et plus insolent que jamais... il a insulté mam'zelle Julienne.
VICTOR. Vous avez insulté ma cousine, misérable! Si vous n'étiez pas le dernier des hommes, je vous en demanderais raison.
ROUSSILLON, se posant. Raison!... en voici des raisons, et je m'en vante! Voilà! voilà!... qu'est-ce qui en veut?... servez chaud!
VICTOR. Il y a d'autres armes pour les gens d'honneur.
ROUSSILLON. J'aime mieux celles-là... Il n'y a pas besoin de les huiler de peur de la rouille.
VICTOR. Et vous prétendez avoir été soldat, avoir porté une épée?...
ROUSSILLON. Je suis rentré dans le civil... qui en veut?...
VICTOR, avançant sur lui. Misérable!
JULIENNE, l'arrêtant. Victor, je vous en prie, laissez là cet homme. Jacques s'est trompé, il ne m'a point insultée.
VICTOR. Ah! c'est vous, ma cousine?... Rentrez, ce n'est pas ici la place d'une femme, et mon père, du moins, ne vous force point à vivre au milieu de ces gens grossiers et brutaux.
ROUSSILLON, aux autres. Vous l'entendez? Parce qu'il s'endimanche tous les jours de la semaine, et qu'il se fait pour six sous de poussière. Va donc mettre ton pantalon collant et tes bottes à la russe, et tâche de bien épousseter les copeaux.
VICTOR. Mais cet homme est donc ici pour nous insulter tous?...
ROUSSILLON. Eh bien! qu'est-ce qu'il y a?... ou vous êtes ouvrier, et je ne vois pas qui de nous deux doit le respect à l'autre; ou vous êtes notre bourgeois, et alors payez-moi, et mettez-moi à la porte.
VICTOR, à Julienne. Et voilà à quoi mon père nous expose en nous forçant à cet ignoble métier.
JULIENNE. Voyons, Victor, calmez-vous! je vais rentrer dans le bureau; venez avec moi, j'ai à vous parler...
VICTOR. Pardon... ma cousine, plus tard, il faut que j'aille m'habiller, je suis forcé de sortir.
JULIENNE. Ce soir?
VICTOR. Oui, ce soir même.
JULIENNE. Pas ce soir, Victor, je vous en prie.
VICTOR. Julienne, je vous l'ai pas oublié que c'était votre fête demain; vous trouverez mon bouquet dans votre chambre, et j'espère que vous ne m'en voudrez pas.
JULIENNE. Ce n'est pas moi, mais votre père, Victor!
VICTOR, avec impatience. Ah! mon père...
JULIENNE. Aujourd'hui, restez, je vous en prie.
VICTOR. Je ne puis pas... non; j'ai promis.
AUGUSTE, entrant. Tiens! c'est toi!... bonjour, frère... Est-ce que tu n'attends pas la paye?
VICTOR. Je vais revenir tout à l'heure.
AUGUSTE. Dis donc, pourras-tu me rendre quarante francs sur la quinzaine? (A part.) Je ne me soucie pas de devoir rien à ce gars de Roussillon.
VICTOR, embarrassé. Quarante francs!..
AUGUSTE. Si tu ne peux pas, ne te gêne pas.
VICTOR, s'éloignant. Ah! mon Dieu! être misérable à ce point!... Ah! je suis fou de ne pas éteindre cet amour dans mon cœur... mais elle m'attend, et j'irai... j'irai.
ROUSSILLON, reparaissant. Au plaisir de vous revoir, monsieur de La Lombarderie!
AUGUSTE, à Roussillon. Dis donc, dis donc, toi, qu'est-ce que vient de me dire ma cousine, que tu t'es permis de la mécaniser en chansons?
ROUSSILLON. Moi! incapable d'insulter le beau sexe, surtout quand vous en êtes amoureux, monsieur Auguste.
AUGUSTE, bas. Veux-tu te taire?...
ROUSSILLON. C'était une simple romance d'occasion, qui se chante dans les meilleures sociétés de Paris. (Il chante.)

Potage à la julienne!

SCÈNE V.

LES MÊMES, LOMBARD.

LOMBARD, prenant Roussillon à la gorge. Prends garde de te donner une entorse au gosier, mon gars!
LES OUVRIERS. Monsieur Lombard!
AUGUSTE. Mon père!
ROUSSILLON. Si c'est pour ça que vous revenez si tard, vous auriez tout aussi bien fait de vous presser encore moins.
LOMBARD. Julienne!
JULIENNE. Mon oncle!
LOMBARD. Quel est le compte de cet homme?
JULIENNE. Je vais vous le dire.
LOMBARD, à des portefaix. Entrez ces sacs là-dedans, vous autres!... (Ils entrent un gros sac plein d'autres sacs d'écus.)
ROUSSILLON, à part. J'aimerais mieux ça que des bijoux... c'est plus lourd, mais ça ne se reconnaît pas.
JULIENNE, reparaissant sur la porte du bureau. Roussillon... six journées et demie à quatre francs, vingt-six francs.
ROUSSILLON. Vingt-six francs!... Merci, ce n'est pas mon compte.
LOMBARD. Mais c'est le mien! vingt-six francs! (Il lui tend la somme.)
ROUSSILLON. Il me faut quarante-huit francs... Douze jours à quatre francs... c'est juste comme un bas de soie.
LOMBARD, remettant l'argent dans sa poche. C'est bien! Tu me feras assigner chez le juge de paix.
ROUSSILLON. Il n'y a pas besoin de juge de paix... Il me faut quarante-huit francs... et je les aurai.
LOMBARD, aux ouvriers. Rangez-vous un peu, vous autres. (A Roussillon.) Vois-tu cette porte? regarde-la bien pour n'y jamais repasser... et maintenant file, que je voie si les talons de tes souliers sont bien cirés.
ROUSSILLON. Plaît-il?
LOMBARD. Que je voie si les talons de tes souliers sont bien cirés.
ROUSSILLON. Et vous renvoyez comme ça vos ouvriers sans les payer?
LOMBARD, le prenant au collet. M'as-tu entendu?
ROUSSILLON. Est-ce que vous voulez m'assassiner par-dessus le marché?
JULIENNE. Mon oncle, mon oncle, je vous en prie...
AUGUSTE. Mon père!
JULIENNE. O mon oncle! ne vous compromettez pas avec ce mauvais sujet... donnez-lui son argent.
ROUSSILLON. Non.
ROUSSILLON. Vous me payerez au moins mes vingt-six francs?
LOMBARD. Ni quarante-huit, ni vingt-six... Je ne veux pas qu'il n'aille dire à qui que ce soit que je ne lui ai pas payé ce que je lui devais. Le juge de paix prononcera.
ROUSSILLON, d'un ton pleurard. Eh bien! avec quoi que je mangerai jusque-là?
LOMBARD. Ah! tu n'as pas de quoi manger! Eh bien, tiens! voilà cinquante francs! mais je ne te paye pas, entends-tu? je te fais l'aumône. Il y a des mendiants qui valent mieux que toi, et à qui je n'en ai pas tant donné.
AUGUSTE, qui a pris les cinquante francs et les passe à Roussillon. Allons! prends et file!
ROUSSILLON. Et mes soixante francs?
AUGUSTE. Attends-moi derrière le mur du chantier, j'irai te les porter.
ROUSSILLON. Bon! (A part.) Ça te coûtera plus cher qu'au marché ce que tu viens de dire.
LOMBARD. Eh bien! m'as-tu entendu?
ROUSSILLON. Adieu, monsieur Lombard! (Du fond.) Les bons comptes font les bons amis... Tenez, v'là quarante sous que vous m'avez donnés de trop... Au plaisir!
LOMBARD. Ah! le misérable! il me rendra sans pitié pour tout le monde. Il s'est présenté ici comme un pauvre soldat qui revenait de l'étranger... et vous savez, vous autres, s'il manque... Mais enfin, n'y pensons plus... Allons, mes enfants, à votre tour!.. (A Auguste.) Auguste, j'ai à te parler, à toi et à Victor, après la paye.
AUGUSTE. Victor va venir!
JULIENNE. Les comptes sont sur le bureau, mon oncle.
LOMBARD. Bien.

SCÈNE VI.

JULIENNE, AUGUSTE.
(La nuit tombe pendant cette scène; les ouvriers entrent les uns après les autres, sortent du bureau et quittent la cour.)

AUGUSTE, montrant l'écrin. Julienne, vois-tu ça?
JULIENNE. Tiens! la jolie boîte!

AUGUSTE. Ce n'est rien, la boîte..... c'est ce qui est dedans.
JULIENNE. Voyons un peu !
AUGUSTE. Bon ! si tu vois un peu, tu verras tout à fait...
JULIENNE. Puisque c'est pour moi.
AUGUSTE. Tu en es sûre ?
JULIENNE. Est-ce que ce n'est pas des brimborions de femme ?
AUGUSTE. Est-ce qu'il n'y a pas d'autres femmes que toi en ce monde ?
JULIENNE. Bah ! est-ce qu'il y en a d'autres pour toi ?
AUGUSTE. Jamais, jamais. Et pourtant, vois-tu ! si j'étais jaloux, je croirais que mon frère Victor...
JULIENNE. Oh ! oui, il pense bien à moi, lui.
AUGUSTE. C'est possible ! Mais tu penses à lui, toi.
JULIENNE. C'est vrai ! parce qu'il devient tous les jours plus triste, plus sombre. Je suis sûre qu'il a un amour malheureux dans le cœur.
AUGUSTE. Et c'est pour ça que tu le plains... Et moi donc, alors, pourquoi est-ce que tu ne me plains pas ?
JULIENNE. Ah ! ça ne t'empêche pas de dormir.
AUGUSTE. Ah ! les femmes ! ça a toujours pitié des amoureux des autres, et quand elles en ont un tout petit, elles n'ont pas de plus malin plaisir que de le faire enrager.
JULIENNE. Ça distrait de l'ennui de les écouter.
AUGUSTE. Ah ! c'est comme ça ! Eh bien ! ça, vois-tu, je le donnerai à la grande Jeannette.
JULIENNE. A ton aise.... Fais voir toujours si ça lui ira bien !
AUGUSTE. Tu veux voir ?
JULIENNE. Dépêche-toi donc !
AUGUSTE. Eh bien ! ferme les yeux.
JULIENNE. Comment ?
AUGUSTE. Ferme les yeux, si tu veux voir.
JULIENNE. Voilà !
AUGUSTE lui attache les boucles d'oreilles et l'embrasse. Vlan ! tarabisco... regarde maintenant comme ça te va !
JULIENNE. Tu es bête ! Comment veux-tu que je voie !
AUGUSTE, riant. Ah ! c'est vrai ! C'est égal ! tu es jolie comme tout.

SCÈNE VII.

LES MÊMES, VICTOR, habillé avec élégance ; puis LOMBARD.

VICTOR. Ils s'aiment !.. ils sont heureux !..
AUGUSTE. Ah ! le voilà, frère ! Mon père a à nous parler.
VICTOR. Je vais l'attendre.
JULIENNE. Merci de votre bouquet, Victor... il est charmant.
AUGUSTE. C'est ça, quatre méchantes fleurs !... Et elle ne m'a pas seulement remercié !..
LOMBARD, sortant du bureau. Ah ! vous voilà, vous autres !...
(A part en regardant Victor.) Toujours le même !..
AUGUSTE. Est-ce que la paye est finie, mon père ?
LOMBARD. Tout à fait finie !
AUGUSTE. Ah !
VICTOR. Permettez-nous de vous rappeler qu'en nous forçant à travailler comme des ouvriers, vous avez consenti à nous payer comme eux.
LOMBARD. C'est juste ! Votre compte se monte à quatre-vingts francs.... Voilà une quittance de pareille somme de votre tailleur.
VICTOR. Mais, mon père !..
LOMBARD. Voilà deux mois que vous lui promettez de l'argent sans lui en donner... Je vous suis chargé de le satisfaire. Je ne veux pas que mes fils fassent des dettes, entendez-vous ?
AUGUSTE, à part. Oh ! si c'est comme ça, gare à mes soixante francs !
VICTOR. Vous avez raison, mon père.
LOMBARD. Si cependant vous avez besoin d'argent, j'ai un travail extraordinaire à vous donner. Il s'agit d'aller vérifier des travaux à faire dans un château voisin... Il faut que cela soit fait demain dimanche.
VICTOR. Excusez-moi, mon père.... j'ai engagé toute ma journée.
LOMBARD. Et votre soirée aussi, à ce qu'il paraît !
VICTOR. Nous nous avez-vous pas laissés libres d'en disposer ?
LOMBARD. C'est juste !
VICTOR. Si cependant vous me défendez de sortir, je resterai.
LOMBARD. Je ne vous le demande pas. (A part.) Ah ! il cassera plutôt que de plier. Non, ce n'est pas là mon fils ; mais il faut

être juste pour tout le monde. (Haut.) Quant à toi, Auguste, voilà aussi ta quinzaine !.. (Il lui passe un papier.)
AUGUSTE, regardant. Oh ! la mémoire du traiteur ! comme c'est régalant... et Roussillon qui m'attend !..
LOMBARD, à Julienne. Diable ! tu as de bien belles boucles d'oreilles.
JULIENNE. C'est le cadeau d'Auguste !
AUGUSTE. Prends garde de le perdre...
LOMBARD, bas à Julienne. J'ai laissé de l'argent sur le bureau... prête-lui quelque chose...
JULIENNE, bas. A Victor ?
LOMBARD, bas. A Victor...oui, à tous les deux.... (Haut.) Jacques, je sors..., veille bien sur la porte...
VICTOR. Voulez-vous me permettre de vous accompagner ?
LOMBARD. Oh ! nous n'allons pas probablement du même côté.
JULIENNE, bas à Victor. J'ai à vous parler.
AUGUSTE, dans un coin du théâtre. Quel guignon !.. chien de sort ! quel guignon !
LOMBARD. Eh bien ! qu'est-ce que tu as donc, pour te démener comme ça ?
AUGUSTE. Pardieu ! c'est parce que je n'ai rien, que je me démène.
LOMBARD. Est-ce que par hasard les boucles d'oreilles attendent après la quinzaine ?
AUGUSTE. Juste !.., il faut les rendre où les payer ; et cherche... ça sonne comme une mie de pain dans un bonnet de coton.
LOMBARD, à part. Je ne peux pourtant pas lui laisser emprunter de l'argent à sa cousine pour payer son cadeau.
AUGUSTE, à part. Il met la main au gousset.
LOMBARD, bas. Pas devant Victor. (Haut.) Voyons ! veux-tu aller au château à la place de ton frère ?
AUGUSTE. Tout de suite, si c'est pour gagner de l'argent...
LOMBARD. Eh bien ! viens me faire la conduite un bout de chemin... je te dirai où c'est et ce qu'il y a à faire.
AUGUSTE, à part. Je tiens mes soixante livres.
LOMBARD. Jacques, je vais chez le voisin Bonnard pour lui dire que son argent est prêt pour lundi. Je rentrerai tout à l'heure ; fais bien attention à la porte...
JULIENNE. Bonsoir, mon oncle !
LOMBARD. Bonsoir, ma fille, bonsoir !
VICTOR. Bonsoir, mon père.
LOMBARD, à Auguste, sans regarder Victor. Allons ! viens-tu, toi ?
VICTOR. Ah ! toujours la même dureté !

SCÈNE VIII.

VICTOR, JULIENNE.

VICTOR. Oh ! assez !.. j'en ai assez de cette vie à laquelle mon père me condamne... oh ! je partirai... j'irai chercher ailleurs la fortune et l'affection que je ne trouverai jamais ici.
JULIENNE. Victor, pouvez-vous parler comme ça ? quitter votre père !...
VICTOR. Mon père ! mais je lui déplais... ma présence le gêne... car tout ce qui ne cède pas à sa volonté de fer l'irrite... et vous savez si cette volonté est fantasque et capricieuse. Après nous avoir fait élever au collége, mon frère et moi, parmi les fils de famille les plus riches, il semble avoir eu regret de l'instruction qu'il nous a donnée, et nous a réduits à redevenir ses manœuvres...
JULIENNE. C'est que votre père ne méprise pas l'état qui l'a mis à même de vous donner de l'éducation.
VICTOR. Alors il aurait dû nous y laisser toujours.
JULIENNE. Auguste l'a repris sans répugnance.
VICTOR. Sans doute !.. mais peut-être cela lui est-il plus facile qu'à moi ; car tout le monde l'aime ici, les ouvriers, mon père, vous, Julienne, et se sentir aimé, voyez-vous ! cela donne du courage ou de la résignation.
JULIENNE. Mais vous en aviez autrefois, Victor... ces occupations qui vous déplaisent tant vous les avez d'abord acceptées avec gaieté, avec plaisir... et dans ce temps-là, s'il y avait une préférence pour quelqu'un dans le cœur de mon oncle, elle n'était pas pour votre frère.
VICTOR. Mais cela n'a pas duré longtemps.
JULIENNE. Cela a duré jusqu'au jour où vous-même avez pris votre travail en haine, la maison de votre père en aversion, notre société en mépris.
VICTOR. Ah ! ma cousine ! que dites-vous là ?
JULIENNE. C'est vrai, Victor... ne me démentez pas... mais moi pourtant je ne vous en veux pas... moi, je suis femme, je vous comprends ; je vous excuse et je vous plains, car vous devez être bien malheureux...
VICTOR. Ah ! oui, je suis bien malheureux...

JULIENNE. Aimer quelqu'un au-dessus de soi, et qu'on ne pourra jamais obtenir... c'est cruel, n'est-ce pas?

VICTOR. Julienne, d'où savez-vous?..

JULIENNE, à part. Ah! j'en étais sûre... (Haut.) Votre conduite me l'a dit, depuis longtemps.... mais vous êtes aimé au moins...

VICTOR. Oui, je le crois... mais c'est parce qu'on ignore qui je suis.

JULIENNE. Vous êtes aimé, et vous vous plaignez... Ah! vous n'avez pas de courage.

VICTOR. Non, je n'en ai pas devant un malheur qu'aucune persévérance ne peut vaincre.

JULIENNE. Il y a pourtant des personnes qui en ont eu de plus cruels à supporter, et qui en ont triomphé.

VICTOR. Vous vous trompez.... il n'y a pas de pire douleur que de se voir mépriser par celle qu'on aime, et c'est ce qui m'attend.

JULIENNE. Être méprisé parce que l'on est pauvre, ce n'est rien, croyez-moi... mais je connais quelqu'une qui a aimé plus que vous... ni fortune ni naissance ne la séparaient de celui qu'elle aimait; seulement elle était simple et résignée, et il était ambitieux et plein de vanité. Ce ne fut pas parce qu'elle était pauvre qu'il la méprisa; c'est parce qu'elle n'était rien pour lui, parce qu'il ne daignait pas la regarder, parce qu'elle eût été la servante de la maison, qu'il n'y eût pas fait moins d'attention.

VICTOR. De qui voulez-vous parler?

JULIENNE. Eh bien! Victor... cette femme qui n'avait ni nom, ni fortune, ni éducation brillante, elle était fière... Elle combattit cet amour; elle parvint à le vaincre... elle n'y pense plus, elle est calme, heureuse... et personne ne sait, personne ne saura jamais ce qu'elle a souffert.

VICTOR. Ah! c'est d'un noble cœur.

JULIENNE. Eh bien, Victor, un homme comme vous ne peut-il pas faire ce qu'a fait une pauvre fille comme moi?

VICTOR. C'était vous, Julienne, vous! et quel était celui qui a pu vous méconnaître à ce point?

JULIENNE. Je ne vous demande pas quelle est celle que vous aimez!

VICTOR. Oh! si vous la connaissiez, ma cousine, c'est l'âme la plus pure, l'esprit le plus fin, la beauté la plus gracieuse.

JULIENNE, à part. Ah! que j'ai été folle d'espérer!..

VICTOR. Sa vue me trouble, son regard me fait trembler, et quand j'entends sa parole, je voudrais me mettre à genoux devant elle pour l'écouter parler.

JULIENNE, à part. Oh! comme il l'aime!

VICTOR. Qu'avez-vous? vous pleurez!

JULIENNE. Non, non, continuez... vous me faites du bien... (A part.) Il me donne du courage.

VICTOR. C'est mal ce que je vous dis là!.. je vous parle de mon amour quand vous êtes cent fois plus à plaindre que moi.

JULIENNE. Non, Victor, car je suis guérie maintenant, tout à fait guérie,... et Auguste ne trouvera plus une ingrate.

VICTOR. Aimez-le, Julienne; c'est un noble cœur sous une apparence grossière... c'est un caractère sûr sous un air frivole... Il est bon! aimez-le!

JULIENNE. J'essayerai... De votre côté, essayez de nous aimer un peu... vous verrez que ça console...

VICTOR. Adieu, Julienne, adieu!..

JULIENNE. Victor, vous partez donc?

VICTOR. Oui, j'ai affaire à près de trois lieues d'ici... J'arriverai trop tard ce soir; mais il me faudrait y retourner demain, et je passerai la nuit dans une auberge...

JULIENNE, le retenant. Victor...

VICTOR. Eh bien!

JULIENNE, avec hésitation. Si vous vouliez, puisque vous partez....

VICTOR. Quoi!...

JULIENNE. C'est mon oncle qui m'a chargée de vous dire que...

VICTOR. Qu'est-ce donc?

JULIENNE. Si vous aviez besoin d'argent...

VICTOR, vivement. Merci, Julienne... non... non... je...

JULIENNE. Mais, mon cousin...

VICTOR, avec désespoir. Ah! tenez, Julienne, vous êtes bonne, je ne vous en veux pas... Mais en être réduit là... Oh! je vous jure que je ne vivrai pas longtemps ainsi. (Il sort vivement et laisse la porte ouverte.)

SCÈNE IX.

JULIENNE, seule. Pauvre Victor... Il aime une autre femme; c'est pour elle, sans doute, qu'il sort ainsi tous les soirs, qu'il nous quitte tous les dimanches? Elle est bienheureuse celle-là! Allons, allons, est-ce que ce n'est pas fini? Est-ce qu'il peut jamais m'aimer?.. Ah! je sais mieux qu'une autre que c'est difficile d'oublier; et pourtant il a raison, Auguste est un brave et digne garçon, et je dois l'aimer... je l'aimerai... (Roussillon entre et se cache pendant ce monologue.)

SCÈNE X.

JULIENNE, LOMBARD; puis AUGUSTE.

LOMBARD, entrant vivement. Qu'est-ce que c'est que ça? la porte ouverte... à cette heure!.. A-t-on envie de me faire voler, quand le pays est plein de vagabonds!

JULIENNE. Mais, mon oncle...

LOMBARD. Où est Jacques?

JULIENNE. Il visite les ateliers.

LOMBARD. Et Auguste? (On frappe.) Qui est là?

AUGUSTE, en dehors. Ouvre donc, vieux serin!

LOMBARD. Qu'est-ce que c'est?

JULIENNE. Il croit parler à Jacques.

LOMBARD. Et quand il parlerait à Jacques... depuis quand ce freluquet se croit-il le droit de se moquer d'un brave homme?

AUGUSTE, frappant. Ouvriras-tu, Jacquot?

LOMBARD, ouvrant et le prenant à l'oreille. As-tu déjeuné, mon gars?

AUGUSTE. Mon père!..

LOMBARD. Continue donc ton ramage...

AUGUSTE. C'est que je ne savais pas... d'ordinaire vous ne rentrez que pour l'heure du souper.

LOMBARD. Je ne souperai pas...

JULIENNE. Vous avez de l'humeur, mon oncle?

LOMBARD. Oui, j'en ai... quand je vois que personne ici ne fait son devoir...

JACQUES, sortant des ateliers une lanterne à la main. Mais, Monsieur... c'est monsieur Victor...

JULIENNE. Tais-toi!

LOMBARD. Savez-vous ce que je viens d'apprendre? C'est que, la nuit dernière, un vol considérable a eu lieu au château de Gèvres.

AUGUSTE. Là où je vais demain matin?

LOMBARD. Précisément.... Allons! Jacques, puisque tout le monde est rentré, ferme la porte.... (A Auguste.) Et toi, appelle Victor, puisqu'il veut bien souper avec nous...

AUGUSTE. Victor! mais...

JULIENNE. Il est malade, mon oncle, et m'a dit qu'il ne souperait pas...

LOMBARD. Malade!.. il ment!.. il ne l'est pas pour sortir tous les soirs.... c'est que notre compagnie lui déplaît.... Eh bien! qu'il la quitte tout à fait! qu'il s'en aille... je vais...

JULIENNE. Mon oncle...

LOMBARD, à part. Oh! non, ce n'est pas là mon fils!... (De la porte de la maison, à Auguste.) Eh bien! viens-tu, toi? Est-ce que tu restes là pour étudier l'astronomie?

AUGUSTE, à part, en sortant. Je vous suis, mon père... Roussillon s'est ennuyé de m'attendre... demain je lui donnerai ses soixante francs.

ROUSSILLON, paraissant. Demain, mon gars, je n'en aurai plus besoin de tes soixante francs.

ACTE DEUXIÈME.

Un salon dans le château de madame de Gèvres.

SCÈNE PREMIÈRE.
MADAME DE GÈVRES, EUGÉNIE.

(Madame de Gèvres est assise sur un canapé, à gauche, Eugénie près d'une table. L'une et l'autre travaillent.)

MADAME DE GÈVRES. Eh bien! ma chère Eugénie, nous allons mener ici une vie moins solitaire que de coutume... Hier ton oncle, M. de Mouncrais, est arrivé avec son fils Jules qui a l'air d'un jeune homme accompli; j'ai été très-contente de lui.

EUGÉNIE, se levant. En ce cas, ma mère, je vous crois tout à fait de son avis.
MADAME DE GÈVRES. De l'avis de qui?
EUGÉNIE. Mais de l'avis de M. Jules, qui me paraît parfaitement content de lui-même.
MADAME DE GÈVRES. Tu te trompes : Jules a été élevé à Paris ; il a plus que les jeunes gens de ce pays l'habitude du monde, il y porte plus d'aisance.
EUGÉNIE. Il est vrai qu'il s'y met très-aisément à son aise.
MADAME DE GÈVRES. Eugénie...
EUGÉNIE, se levant. Ma mère!
MADAME DE GÈVRES. Tu es bien sévère pour ce jeune homme.
EUGÉNIE. Et vous, n'êtes-vous pas bien indulgente pour lui?..
MADAME DE GÈVRES. Est-ce donc parce qu'il doit être ton mari, que tu le vois avec une prévention fâcheuse?
EUGÉNIE. N'est-ce pas pour cela, ma mère, que vous le voyez d'un œil si favorable? (Elle s'assied près de sa grand'mère.)
MADAME DE GÈVRES. Eugénie, ton tuteur, M. de Monnerais, avait raison quand il me disait que je t'élevais mal, que tu étais une enfant gâtée, et que tu deviendrais une jeune fille très-capricieuse et très-volontaire.... il m'a souvent grondée à ce sujet.
EUGÉNIE. C'est le rôle des tuteurs de gronder toujours.
MADAME DE GÈVRES. Et c'est le rôle des grand'mères de gâter leurs petites-filles, n'est-ce pas, Mademoiselle?
EUGÉNIE. Certainement, et c'est le rôle des petites-filles de bien aimer leur bonne grand'mère, de la soigner, d'être toujours près d'elle et de ne pas se marier pour ne la quitter jamais. (Elle l'embrasse.)
MADAME DE GÈVRES. Chère enfant!... Et pourtant je ne suis pas contente de toi...
EUGÉNIE. Parce que je vous dis que je ne veux pas me marier?
MADAME DE GÈVRES. Précisément pour cela..
EUGÉNIE. Oh! j'ai horreur du mariage.
MADAME DE GÈVRES. Eugénie...
EUGÉNIE. Je vous jure que c'est la vérité.
MADAME DE GÈVRES. Je t'affirme que c'est un mensonge.
EUGÉNIE. Ah! maman...
MADAME DE GÈVRES. Oui, Eugénie, ou tout au moins la moitié d'un mensonge.
EUGÉNIE. Comment ça?
MADAME DE GÈVRES. Tu ne veux pas te marier avec M. Jules de Monnerais, je le crois... mais s'il s'agissait d'un autre prétendu, le mariage ne t'inspirerait peut-être pas tant d'horreur!
EUGÉNIE. Je ne vous comprends pas, maman.
MADAME DE GÈVRES. S'il s'agissait, par exemple, de M. Victor?
EUGÉNIE. Baisse les yeux, se détourne, et va pour se lever. Ah! maman...
MADAME DE GÈVRES, la retenant. Eh bien! Eugénie...
EUGÉNIE. M. Victor?
MADAME DE GÈVRES. Oui, tu m'en parles souvent.
EUGÉNIE, se levant tout à fait. Dame, je ne peux pas oublier avec quel courage il se précipita à la tête de nos chevaux au risque d'être écrasé, et lorsque nous allions périr toutes deux, et si je vous parle souvent de lui, c'est qu'il nous sauva, et que je lui suis reconnaissante pour vous... et pour moi aussi.
MADAME DE GÈVRES. Est-ce tout? Et depuis qu'il vient au château, n'as-tu pas pensé à lui plus que tu n'aurais dû? La reconnaissance mène vite à l'amour...
EUGÉNIE. Ah! ça ne va pas si loin... Il me plaît, je lui trouve de l'esprit, un air distingué, et quoique je sois bien folle, son caractère sérieux ne me fait pas peur ; sa mélancolie m'intéresse... il cause si bien et avec tant de cœur, que je l'écoute avec plaisir... mais de là à aimer quelqu'un, il y a bien de la différence.
MADAME DE GÈVRES. La naïveté de cet aveu me rassure ; mais lui, il l'aime peut-être... c'est de dont je m'assurerai. (Elle se lève.)
EUGÉNIE. Ainsi donc, maman, il est bien convenu que je n'aime pas M. Victor.
MADAME DE GÈVRES. Sans doute, car tu es trop raisonnable pour penser à un jeune homme dont nous savons à peine le nom.
EUGÉNIE. Certainement, et il est aussi bien convenu que je n'épouserai pas M. Jules.
MADAME DE GÈVRES. Ce qui est convenu, Eugénie, c'est que tu obéiras à ta grand'mère et à ton tuteur... Nous voulons tous deux ce mariage.... tu sais qu'il est arrêté depuis longtemps?
EUGÉNIE, plus sérieuse. Mais je ne suis pas une enfant pour obéir ainsi à tout ce qu'on veut... sans qu'on me consulte.

MADAME DE GÈVRES. Sans doute, Eugénie, et c'est pour cela que je te dois les raisons qui m'ont déterminée à conclure cette union sur-le-champ.
EUGÉNIE. Oh! maman, je ne les trouverai pas bonnes, vos raisons.
MADAME DE GÈVRES. C'est ce dont tu pourras juger quand tu les auras entendues... Tu sais, Eugénie, que, très-jeune encore, je demeurai veuve avec deux enfants, Lucien de Gèvres, mon fils aîné, et ta mère, ma chère Adélaïde. D'après les lois de l'ancien régime, mon fils, en sa qualité d'aîné, avait hérité de toute la fortune de notre famille, et, par conséquent, ta mère n'avait aucune chance de se marier, lorsque le comte de Monnerais me demanda sa main que je lui accordai.
EUGÉNIE. Et vous fîtes bien ; il ne cherchait pas la fortune, mon père ; il n'était pas comme d'autres que je connais.
MADAME DE GÈVRES. De son côté, mon fils Lucien s'était marié, et sa femme allait bientôt lui donner un héritier, lorsque la révolution éclata. Lucien était attaché à la maison du comte de Provence, et quand le prince eut quitté la France, il le suivit et me confia sa femme Laura. Lucien, mon fils, était à peine depuis deux mois à l'étranger, lorsque nous apprîmes qu'il avait été grièvement blessé... Sa femme, ma bru, malgré l'état assez avancé de sa grossesse, voulut absolument aller le rejoindre. M. de Monnerais, ton oncle et maintenant ton tuteur, s'offrit à l'accompagner... et tu n'as pas oublié sans doute le récit qu'il nous a fait de cette scène de carnage, où, malgré son état, l'infortunée Laura fut cruellement massacrée sous ses yeux.
EUGÉNIE. Oh! oui, je me le rappelle... noble cœur! devait-elle trouver la mort pour récompense de son dévouement?
MADAME DE GÈVRES. Mon fils mourut de ses blessures. Je restai donc seule avec ma pauvre Adélaïde, ta bonne et sainte mère, qui te donna le jour quatre ans après cette terrible catastrophe, et c'est ici que je te prie de bien suivre ce que je vais te dire.
EUGÉNIE. Oui, maman, oui...
MADAME DE GÈVRES. Ta mère, qui n'avait aucune fortune à prétendre, si son frère eût vécu ou s'il eût laissé un héritier de son nom, se trouva recueillir toute cette immense fortune, et c'est comme son héritière que tu es aujourd'hui l'un des plus riches partis de la France.
EUGÉNIE. Si c'est une raison pour me faire épouser mon cousin, M. de Monnerais, j'aimerais autant n'avoir pas cette grande fortune.
MADAME DE GÈVRES. C'est que cette grande fortune n'est pas à l'abri d'un procès, et si tu n'épouses pas Jules, son père deviendra peut-être ton plus cruel ennemi.
EUGÉNIE, à part. Hélas! je ne le sais que trop. (Haut.) Mais vous me restez, et vous pouvez me défendre.
MADAME DE GÈVRES. Hélas! ma pauvre enfant, c'est moi qui te manquerai la première, car je suis bien vieille, bien faible... Aie donc pitié de ta pauvre grand'mère ; tu ne la laisseras pas mourir avec le chagrin de t'abandonner en ce monde sans appui, sans protection.
EUGÉNIE. Oh! maman, maman, ne parlez pas de ça.
UN DOMESTIQUE. M. Victor demande à présenter ses respects à madame la comtesse.
EUGÉNIE, à part. Oh! il n'y a plus que lui qui puisse me protéger!
MADAME DE GÈVRES, à part. Voici le moment de m'assurer de la vérité... (Haut.) Faites entrer.

SCÈNE II.

LES MÊMES, VICTOR.

VICTOR, entrant et saluant. Madame, Mademoiselle...
MADAME DE GÈVRES. Bonjour, monsieur Victor, je suis charmée de vous voir...
VICTOR. Votre accueil a toujours été si bienveillant, Madame, qu'il m'a peut-être rendu indiscret. (Eugénie lui fait un signe d'intelligence.)
LE DOMESTIQUE. Je dois dire aussi à madame la comtesse que M. de Monnerais désire avoir un entretien avec elle, et lui fait demander si elle peut le recevoir.
VICTOR, avec un vif étonnement, et regardant Eugénie. M. de Monnerais...
EUGÉNIE. Oui, M. de Monnerais, mon tuteur.
MADAME DE GÈVRES, au domestique. Priez-le de m'attendre dans mon appartement, je vais m'y rendre.
VICTOR, à part et troublé. M. de Monnerais ici!
EUGÉNIE, à part. Mais qu'a-t-il donc?
MADAME DE GÈVRES, à part. Il paraît troublé. (Haut.) Oui, il est arrivé hier soir avec son fils, et vous m'excuserez de vous laisser un moment : nous avons à causer de beaucoup d'affaires... c'est tout naturel, la veille d'un contrat de mariage.

VICTOR, troublé, et regardant Eugénie. D'un contrat de mariage !
MADAME DE GÈVRES, à part. Ah ! j'avais deviné juste ! (haut.) Oui, Eugénie épouse M. de Monnerais.
VICTOR. Ah ! j'ignorais...
MADAME DE GÈVRES. C'est une union arrêtée depuis longtemps.
VICTOR. Depuis longtemps...
MADAME DE GÈVRES. Mais aujourd'hui, je puis l'annoncer à nos amis, car dans quelques jours j'espère que ce mariage sera accompli.
VICTOR. Je félicite Mademoiselle.
MADAME DE GÈVRES. Je vous crois... Tout à l'heure j'aurai à vous parler, monsieur Victor. (à part.) Il est temps de prendre un parti décisif.

SCÈNE III.

VICTOR, EUGÉNIE.

VICTOR, à part, pendant qu'Eugénie reconduit madame de Gèvres. M. de Monnerais, cet homme si fier de son nom, si vain de sa naissance, il voudra savoir qui je suis, et s'il le découvre, on me chassera peut-être... Chassé ! oh ! non, non... il vaut mieux partir. (Il va pour sortir.)
EUGÉNIE. Eh ! mais où allez-vous donc ?
VICTOR. Oh ! laissez-moi quitter ce château !
EUGÉNIE. Et pourquoi donc ?
VICTOR. C'est que je suis bien malheureux !
EUGÉNIE. Malheureux !... Et voilà tout ce que vous trouvez pour venir à mon secours ?
VICTOR. À votre secours !... eh ! que puis-je faire ? et en quoi puis-je vous secourir, moi ?
EUGÉNIE. Il est certain que cela vous est très-indifférent ; ce n'est pas la peine de chercher un moyen...
VICTOR. Moi, indifférent ?... Ah ! pouvez-vous le penser ?...
EUGÉNIE. Je puis penser... et je pense que vous venez d'apprendre que je suis forcée d'épouser M. de Monnerais, et qu'au lieu de me consoler, vous me répondez d'un air désolé : Hélas ! mon Dieu, qu'y puis-je faire ?... je suis bien malheureux !...
VICTOR. Ce mariage, vous le refusez donc ?
EUGÉNIE. Il me semble que je n'ai pas l'air d'en être ravie. Mais, si l'on me laisse toute seule, il faudra bien que j'y consente.
VICTOR. Madame de Gèvres n'est-elle pas là pour vous protéger ?
EUGÉNIE. Ma grand'mère !... elle a trop peur de M. de Monnerais.
VICTOR. Peur de M. de Monnerais !... c'est donc un homme bien redoutable ?...
EUGÉNIE. Il le faut bien, car vous-même... je vous vois tout déconcerté depuis qu'il est arrivé au château...
VICTOR. Ah ! moi, c'est que... c'est que...
EUGÉNIE. C'est que vous avez peur de lui aussi, voilà tout.
VICTOR. Ah ! que quelque danger vous menace... et que le secours d'un ami prêt à donner sa vie... pour vous être utile... et vous verrez si j'ai peur.
EUGÉNIE. Venez donc à mon aide, Victor... car j'essaye de rire, et je tremble... c'est que vous ne savez pas combien ma position est affreuse.
VICTOR. Votre position !...
EUGÉNIE. Ce mariage qu'on me propose n'est pas même une union de convenance : c'est une obligation terrible !
VICTOR. Que voulez-vous dire ?
EUGÉNIE. Ma grand'mère elle-même est loin de savoir ce qu'il y a d'odieux dans la conduite de M. de Monnerais... Elle n'a jamais été témoin des scènes affreuses qui avaient lieu jadis entre mon père et mon oncle... Que de fois j'ai entendu celui-ci dire à mon père, qui était cependant son frère aîné !... « Cette fortune que vous avez, vous ne la méritez pas, vous la partagerez avec moi... ou bien... »
VICTOR. Votre père lui devait sa fortune... Comment cela se fait-il ?
EUGÉNIE. Hélas ! voilà ce que je n'ai pu découvrir... mais il fallait que ce fût un terrible secret... car, sans cela, mon père n'eût jamais enduré les odieuses menaces de son frère... Ce fut ce chagrin qui conduisit mon pauvre père au tombeau, et ce fut sur son lit de mort que, pour calmer les ressentiments de son frère, il me fit jurer que je deviendrais la femme de M. Jules de Monnerais.
VICTOR. Mais vous étiez très-jeune, alors... et un pareil serment...
EUGÉNIE. J'y pourrais manquer, et peut-être perdre aussi ma fortune.
VICTOR. Grand Dieu !
EUGÉNIE. Ah ! ce n'est pas la pauvreté qui m'épouvante ; mais il fallait que l'honneur de mon père...

VICTOR. L'honneur de votre père !
EUGÉNIE. Que voulez-vous que je vous dise ? Je ne sais que croire, que penser ; mais ce qui est certain, c'est que, comme mon malheureux père, je serai la victime des projets de mon oncle, si personne ne me soutient contre lui...
VICTOR. Oh ! comptez sur moi ! je puis manquer de courage pour mon bonheur, mais j'en aurai pour le vôtre.
EUGÉNIE. Je vous crois... Je vois mon oncle... je vais près de ma grand'mère savoir ce qu'il a pu lui dire ; car je redoute son influence sur elle. Il est avec son fils, évitez-les, je vous en prie, jusqu'à ce que j'aie parlé à ma mère. Allez au jardin ; je vous y retrouverai ; ne quittez pas le château sans m'avoir parlé. (Elle sort.)
VICTOR. Je vous le promets.

SCÈNE IV.

VICTOR, seul. Il y a donc des choses honteuses dans les plus nobles maisons ! Il y a donc des enfants abandonnés et persécutés dans les familles les plus riches ! O Eugénie, Eugénie ! je vous défendrai contre les avides projets de votre tuteur, dût votre haute fortune vous séparer à jamais de moi ! Mais que pourrai-je, moi, fils d'un misérable ouvrier, contre un des hommes les plus puissants de France ?... me laissera-t-on même le droit de revoir Eugénie ? Hélas ! quand j'ai senti cet amour naître dans mon cœur, j'aurais dû ne plus la revoir. Oh ! qu'elle ne sache pas qui je suis, elle repousserait mon appui. Mais quand je l'aurai sauvée encore une fois, peut-être alors comprendra-t-elle que j'ai le droit de l'aimer. Mais voici M. de Monnerais et son fils.
(Victor sort en saluant M. de Monnerais.)

SCÈNE V.

JULES, M. DE MONNERAIS.

JULES, qui a lorgné Victor. C'est donc là le sauveur de ces dames... le héros de la calèche, le vainqueur des chevaux emportés ?... Je croyais qu'il avait reçu son congé.
M. DE MONNERAIS. Il va l'avoir tout à l'heure ; je viens de faire comprendre à madame de Gèvres combien la présence de ce jeune homme était peu convenable dans sa maison, et elle s'est chargée du soin de la lui expliquer à lui-même.
JULES. J'aurais été charmé d'être chargé de la commission.
M. DE MONNERAIS. Vous vous en seriez probablement fort mal acquitté.
JULES. En tout cas, j'y aurais mis moins de ménagements et de délais.
M. DE MONNERAIS. Vous oubliez que le héros de la calèche, comme vous l'appelez, a sauvé la vie à madame de Gèvres et à Eugénie, et qu'elles ont le droit de ne pas trouver cet héroïsme aussi ridicule que vous voulez bien le dire.
JULES. Ce M. Victor est bien heureux, et voilà que vous allez partager l'enthousiasme qu'il inspire à tout le château !
M. DE MONNERAIS. Jules...
JULES. C'est que, depuis mon arrivée, je n'entends parler que de M. Victor, ce beau jeune homme, ce charmant jeune homme, cet excellent jeune homme. C'est un concert d'admiration depuis l'antichambre jusqu'au salon, et je ne serais pas fâché d'y joindre ma voix et de dire ce brave jeune homme.
M. DE MONNERAIS. Je vous prie de me pas vous occuper de lui, et je vous prie aussi de vous défaire ici de ce ton de légèreté suffisante qui peut être de très-bon goût dans certains salons de Paris, mais qui, je crois, séduirait peu madame de Gèvres, et surtout votre cousine Eugénie.
JULES. Oh ! je crois qu'elle se plaît mieux aux airs passionnés de M. Victor.
M. DE MONNERAIS. Encore !... Jules, vous êtes incorrigible.
JULES. Si cela vous fâche, je me tairai ; mais permettez-moi de vous faire observer que vous êtes aujourd'hui d'une tristesse... d'une humeur...
M. DE MONNERAIS. Je vous en ai dit la raison.
JULES. Quoi !... le vol de quelques misérables bijoux !
M. DE MONNERAIS. Ce n'est pas seulement ces bijoux... la cassette qui les contenait renfermait aussi des papiers.
JULES. Des papiers ?
M. DE MONNERAIS. Des papiers auxquels je tenais beaucoup.
JULES. Mais s'ils étaient si précieux, pourquoi n'avoir pas fait près de l'autorité les démarches nécessaires pour découvrir le coupable ?
M. DE MONNERAIS. Près de l'autorité, dites-vous ? (à part.) Dieu fasse que rien ne l'avertisse et qu'on ne cherche pas l'auteur de ce vol : au reste, j'espère qu'il n'aura pas compris l'importance de ces papiers et qu'il les aura détruits.
JULES. Si vous voulez, je me chargerai des démarches à faire.
M. DE MONNERAIS. C'est inutile... quelques bijoux sans valeur.

quelques papiers sans importance... n'en parlons plus, n'en parler même à personne... occupons-nous plutôt de votre mariage, et songez qu'il faut qu'il s'accomplisse sur-le-champ; tâchez que rien ne vienne s'y opposer.

JULES. Maintenant que je n'ai plus à craindre, grâce à vous, la rivalité de M. Victor, j'ose espérer que ma belle cousine voudra bien me faire l'honneur de m'apercevoir.

M. DE MONNERAIS. Craignez qu'elle ne vous regarde de trop près... la fatuité n'est pas une séduction en ce pays.

JULES, à part. C'est étonnant comme mon père est devenu de sa province !

SCÈNE VI.

LE DOMESTIQUE, M. DE MONNERAIS, JULES.

LE DOMESTIQUE. Monsieur le baron, l'ouvrier menuisier que vous avez fait demander vient d'arriver à l'instant.

M. DE MONNERAIS. C'est bien, faites-le venir ici.

JULES. Mais vous voulez donc faire un palais de ce château ? J'ai vu des peintres, des maçons. Quels travaux avez-vous donc à faire exécuter ?

M. DE MONNERAIS. Mais ceux de l'appartement que vous occuperez au château après votre mariage avec Eugénie.

JULES, à part. Après mon mariage avec Eugénie, je me dispenserai d'y demeurer longtemps.

LE DOMESTIQUE, à Auguste. Voilà M. le baron.

SCÈNE VII.

JULES, M. DE MONNERAIS, AUGUSTE.

M. DE MONNERAIS, assis sur le canapé. C'est toi, mon garçon, qui viens ici pour voir les travaux qu'il y a à faire ?

AUGUSTE, au fond, à part. C'est toi... c'est toi... il est familier, le monsieur; mais c'est un vieux, ça lui est permis.

JULES, lorgnant. Eh bien ! répondras-tu ?

AUGUSTE, à part. Répondras-tu... Pour celui-là, merci... merci, nous n'avons pas gardé...

M. DE MONNERAIS. Voyons, qu'est-ce que tu as à nous considérer l'un après l'autre comme un imbécile ? Ce n'est pas pour cela que tu es venu ici... ce me semble ?

AUGUSTE, à part. Imbécile !.. Attends... attends, je m'en vais te faire aussi mon prince... (D'un ton prétentieux, haut et vite.) Vous avez raison, monsieur le baron, je suis venu ici pour des travaux que mon père m'a dit très-pressés, et comme je suppose que vous n'avez pas plus de temps à perdre que moi, je vous serais fort obligé de vouloir bien me montrer l'endroit où je dois lever mes plans et prendre mes mesures.

M. DE MONNERAIS. Ah! tu es le fils de M. Lombard; il me semble qu'il eût pu venir lui-même...

AUGUSTE, du même ton pincé. Les occupations nombreuses de mon père et l'importance de ses immenses travaux ne lui permettent pas de tout voir par lui-même, monsieur le baron; mais s'il m'a envoyé près de vous, c'est qu'il m'a jugé capable de le remplacer convenablement.

JULES. Je crois que tu fais de grandes phrases ?

AUGUSTE, de même. J'essaye de les rendre polies, voilà tout, Monsieur.

M. DE MONNERAIS. C'est bien, vous allez me suivre, mon ami.

AUGUSTE, à part. Celui-là a compris.

M. DE MONNERAIS. Songez qu'il faut que ces travaux soient exécutés avant huit jours.

AUGUSTE, avec prétention. Si c'est possible... vous pouvez regarder cela comme fait, monsieur le baron.

JULES. Et si ce n'est pas possible, monsieur le menuisier ?

AUGUSTE, de même. Je vous répondrai comme M. de Maurepas à la reine Marie-Antoinette : Si c'est impossible, ça se fera.

JULES. Diable... c'est beaucoup de prétention.

AUGUSTE. C'est le secret du métier, Monsieur !... vous ne savez pas encore tout ce qu'on peut faire avec du courage et de la bonne volonté. (A part, en s'en allant.) Et si jamais je puis te travailler les côtes, à toi, je te montrerai comment on expédie la camelotte. (Il sort avec M. de Monnerais.)

JULES. En vérité, ça parle comme si ça pensait... Je ne sais... mais les gens de ce pays ont le don particulier de me déplaire. (Victor paraît.) Pardieu, en voici un à qui je ne serais pas fâché de l'apprendre !

LE DOMESTIQUE, à Victor. Oui, Monsieur, madame la comtesse désire vous parler un instant et vous prie de l'attendre dans ce salon. (Il sort.)

VICTOR, à part, vivement. Eugénie n'est pas venue au jardin, madame de Gèvres me fait demander, que vais-je apprendre ?

JULES, le lorgnant. C'est sans doute pour son audience de congé...

VICTOR. Je suis d'une inquiétude... (Il va et vient.)

JULES, à part. Il paraît qu'il se doute de quelque chose...

VICTOR. Si je pouvais du moins voir Eugénie...

JULES. En vérité, il y a charité à le tirer tout de suite d'embarras. (Il s'approche.) Monsieur attend madame de Gèvres ?

VICTOR. Oui, Monsieur.

JULES. Si Monsieur veut bien me le permettre, je lui tiendrai compagnie jusqu'à son arrivée...

VICTOR. Vous êtes trop bon, Monsieur, je ne veux pas vous déranger.

JULES, d'un ton impertinent. Cela m'arrange, au contraire, infiniment, Monsieur.

VICTOR, le regardant en face. Ah !.. (A part.) Ce ton, ces manières... c'est une querelle; eh bien, soit... (Haut.) Ah ! cela vous arrange ?...

JULES. Oui, Monsieur, et peut-être trouverez-vous que je ne suis pas trop indiscret, quand vous saurez que je puis vous épargner l'ennui d'attendre trop longtemps.

VICTOR. J'ai de la patience, Monsieur.

JULES. C'est une vertu inutile entre nous; car j'ai peu de chose à vous dire.

VICTOR. Dépêchez-vous donc, car lorsqu'on a commencé, on a plus vite fini...

JULES. Ceci est fort bien dit, Monsieur, et c'est pour cela que j'espère que, lorsque vous aurez commencé à sentir que votre présence est inutile dans ce château, vous aurez vite fini de le quitter.

VICTOR, se coiffant. De le quitter ?

JULES. Oui, Monsieur.

VICTOR. Et quelle est la volonté qui me le fera quitter ?

JULES. Je ne suis encore que l'interprète de celle de madame de Gèvres... mais au besoin...

VICTOR. Eh bien ! puisque vous connaissez si bien la volonté de madame de Gèvres, pourriez-vous m'en dire les motifs ?

JULES. Vous ne les devinez pas ?...

VICTOR. Non, Monsieur, car comme elle n'en avait aucun hier, elle ne peut aujourd'hui en avoir d'autres que ceux qui lui ont été suggérés par certaines gens.

JULES. Que vous voudriez connaître ?...

VICTOR. Oui, Monsieur, afin d'être sûr que ce n'est pas seulement l'insolence d'un fat...

JULES. D'un fat !...

VICTOR. Mais encore la lâcheté d'un dénonciateur que j'ai à punir.

JULES. Soit, Monsieur, l'un ou l'autre est à vos ordres.

VICTOR. Et l'un ou l'autre a besoin d'une leçon, et je vais vous la donner.

JULES. Ou la recevoir...

SCÈNE VIII.

JULES, MADAME DE GÈVRES, EUGÉNIE, VICTOR.

MADAME DE GÈVRES. Qu'y a-t-il donc, Messieurs ?... Vous semblez bien animés l'un contre l'autre.

JULES. Ce n'est rien, Madame : c'est Monsieur qui se trouve insulté de ce que j'ai bien voulu lui dire le motif de l'entretien que vous lui aviez accordé.

MADAME DE GÈVRES. Mais je ne vous avais pas chargé de parler pour moi, Monsieur.

JULES. Je me retire... Désolé d'avoir mal interprété vos intentions....J'attendrai Monsieur quand il sera libre...

VICTOR. Vous n'attendrez pas longtemps.

EUGÉNIE. Vous l'entendez, ma mère, ils se sont querellés; ils sortaient pour se battre, j'en suis sûre.

JULES. Et vous trembliez sans doute pour moi, vous qui connaissez le courage de M. Victor ?

MADAME DE GÈVRES. Monsieur, je dois la vie à ce courage, et je vous déclare que j'estime fort peu celui dont vous faites parade. (Ici M. de Monnerais paraît et Jules va à lui et lui parle bas.)

VICTOR. Je vous remercie, Madame ; mais je dois croire que si Monsieur a fait ce qu'il n'était pas autorisé à faire, il a dit du moins la vérité en annonçant que je ne devais plus paraître dans ce château; et comme cette vérité me serait encore plus cruelle de votre bouche que de la sienne, permettez-moi de m'éloigner sans être forcé de l'entendre.

EUGÉNIE. Non, restez. (A madame de Gèvres.) Oh ! maman, maman !...

M. DE MONNERAIS, au fond, à son fils. Il est temps d'en finir avec ce petit monsieur ; laissez-moi faire.

MADAME DE GÈVRES. Non, monsieur Victor... non, je ne veux pas que nous nous quittions ainsi..., je voulais avoir un entretien avec vous, et je le veux encore.

VICTOR, apercevant M. de Monnerais qui s'approche. Je vois d'où le coup est parti, Madame ; et toute explication serait inutile, en ce lieu, du moins.

M. DE MONNERAIS. Vous vous trompez, Monsieur, car d'après

ce que vient de me dire mon fils (A madame de Gèvres,) dont je vous prie de vouloir bien excuser la conduite, Madame, (A Victor.) vous paraissiez craindre qu'il n'y eût eu de notre part une dénonciation portée contre vous ?

VICTOR. Pour que je pusse craindre une dénonciation, Monsieur, il faudrait que j'eusse quelque chose à me reprocher ; je me suis seulement étonné que la bienveillance que madame la comtesse avait daigné me témoigner jusqu'à ce jour eût cessé depuis que vous êtes arrivés dans ce château.

MADAME DE GÈVRES. La reconnaissance que je dois à monsieur Victor sera éternelle ; mais il est des circonstances, des motifs...

M. DE MONNERAIS. Sur lesquels j'ai appelé l'attention de madame de Gèvres, je dois vous le dire, et je vous crois trop d'honneur et trop de bon sens, Monsieur, pour ne pas trouver qu'à ma place vous en eussiez fait autant.

VICTOR. C'est ce dont je doute.

M. DE MONNERAIS. Cependant, Monsieur, supposez que vous fussiez le tuteur ou le frère de mademoiselle Eugénie, et par conséquent chargé de la protéger ; supposez qu'après une longue absence, vous trouviez dans la maison de sa mère un jeune homme dont l'air distingué semble dire le rang, votre premier soin serait de savoir quel est ce nouvel ami et comment on l'a connu.

VICTOR. Vous le savez, je suppose, Monsieur ?

M. DE MONNERAIS. Sans doute, Monsieur ; et jusque-là tout est bien. Mais si vous étiez ce tuteur ou ce frère, vous désireriez savoir le nom de ce libérateur courageux ?

VICTOR. Mon nom ?

M. DE MONNERAIS. On me l'a dit. Vous vous nommez monsieur Victor; mais permettez-moi de vous faire observer que Victor est un nom qui ne dit pas la famille à laquelle appartient celui qui le porte.

VICTOR. Monsieur...

M. DE MONNERAIS. Soit que cette famille manque...

VICTOR. Monsieur !

M. DE MONNERAIS. Soit que son nom ne puisse pas être avoué sans honte...

VICTOR, vivement. N'allez pas plus loin, Monsieur ; malgré le respect que je dois à madame de Gèvres, je ne supporterais pas un mot de plus à ce sujet.

M. DE MONNERAIS. Comme il vous plaira, Monsieur ; mais si vous trouvez que ma prudence est injurieuse, et que nos soupçons ont été offensants pour votre famille, il ne tient qu'à vous de me prouver que j'avais tort en vous nommant.

EUGÉNIE. Oui, parlez ! parlez ! monsieur Victor, car, j'en suis sûre, vous ne pouvez appartenir qu'à une noble famille.

VICTOR, à part. A une noble famille !

EUGÉNIE. Vous vous taisez ?

VICTOR, à part. Oh ! non ! non !... avouer qui je suis... rougir devant elle... jamais, jamais !

MADAME DE GÈVRES, allant à lui. Eh bien, monsieur Victor ?

VICTOR. Madame, excusez-moi !... je ne puis.

EUGÉNIE, à part. Ô mon Dieu !... me serais-je trompée ?

MADAME DE GÈVRES. Monsieur Victor, je vous en prie...

M. DE MONNERAIS. Il ne parlera pas, j'en étais sûr.

VICTOR. Madame, vous m'avez permis de garder le silence jusqu'à ce jour ; permettez-moi de le garder encore en quittant votre maison. Il vous importe peu de savoir le nom de celui qui fut assez heureux pour vous sauver. Le premier passant l'eût fait à ma place. Supposez que vous ne m'avez jamais revu, et permettez-moi de vous faire des adieux éternels.

EUGÉNIE. Mais c'est impossible ! et moi !.. moi !

MADAME DE GÈVRES, la retenant. Eugénie !

EUGÉNIE. Ah ! maman... maman...

M. DE MONNERAIS. Il était temps !

VICTOR, à part. Et n'être rien qu'un misérable ouvrier !.. (Haut.) Adieu, Madame, adieu ! (Il va pour sortir.)

SCÈNE IX.

LES MÊMES, AUGUSTE.

AUGUSTE, entrant. C'est vérifié et toisé ! Monsieur, une semaine et tout sera fait... Pardon, Mesdames !

VICTOR. Auguste !

AUGUSTE. Tiens ! te voilà, toi !

MADAME DE GÈVRES ET EUGÉNIE. Toi ! a-t-il dit ?

VICTOR, à part. Ah ! que faire ?

M. DE MONNERAIS, à Auguste. Ah ! vous connaissez Monsieur ?

AUGUSTE. Tiens ! si je connais mon frère !

TOUS. Son frère !

JULES. Le fils de Matthieu Lombard, menuisier.

M. DE MONNERAIS, à madame de Gèvres. Qu'en dites-vous, Madame ?

AUGUSTE, les regardant avec étonnement. Eh bien ! qu'est-ce qu'ils ont donc tous ? (Pendant ce temps, M. de Monnerais cause bas avec madame de Gèvres ; Eugénie pleure ; Jules ricanne ; Victor se détourne.) Et lui aussi... Ah ! je comprends ! l'amour malheureux dont me parlait Julienne... la demoiselle qui pleure, les grands parents qui sont furieux. (bas à Victor.) J'ai fait une bêtise, n'est-ce pas ?

VICTOR. Ah ! tu m'as perdu !

AUGUSTE. Faut voir ! faut voir !

JULES, à Auguste, insolemment. Ah ! monsieur Victor est le frère de M. Auguste Lombard, le menuisier !

AUGUSTE. Oui, Monsieur... frère de nom et de cœur, c'est vrai ! mais il y a de la différence entre nous... Je suis tout juste un bon ouvrier, voilà tout ! mais Victor, c'est un homme distingué et comme il faut, lui !

VICTOR. Auguste !

AUGUSTE. Laisse donc tranquille, ce qui est vrai est vrai ! Moi, j'ai été toute ma vie un paresseux et un ignorant... Mais lui, il était le roi du lycée et le plus instruit de tous ses camarades, nobles ou bourgeois.

VICTOR. Assez, Auguste, assez.

AUGUSTE. Et pourquoi ne veux-tu pas que je parle ? Je ne dis rien de mal quand je dis que je suis tout au plus bon à mener un atelier et à épouser une ouvrière... Mais lui, voyez-vous, il deviendra tout ce qu'il voudra : avocat, député, général, et il fera honneur à toute famille dont il épousera la fille, si huppée qu'elle soit, entendez-vous ? (Bas à Victor.) J'arrange ton affaire.

EUGÉNIE, à part. Bon jeune homme ! comme il aime son frère !

JULES. Mais vous feriez déjà un excellent avocat, monsieur le menuisier !

VICTOR, avec colère, à Jules. Monsieur, avant de dire un mot d'insulte à mon frère, n'oubliez pas que vous avez à me donner raison de ceux que vous m'avez adressées.

JULES. Vous ? Allons donc ! je ne me bats pas à l'équerre ou au compas.

VICTOR. Misérable !

M. DE MONNERAIS, vivement. Qu'est-ce à dire ? Oubliez-vous, Monsieur, comment on peut traiter un homme de votre sorte qui s'est introduit dans une noble maison ? Tâchez donc de m'éviter la peine de vous faire chasser par un valet.

VICTOR ET AUGUSTE. Nous chasser !

EUGÉNIE. Ah ! maman, maman !

SCÈNE X.

LES MÊMES, JULIENNE.

JULIENNE, en dehors. Il faut que je le voie... il faut que je lui parle sur-le-champ.

LE DOMESTIQUE, à madame de Gèvres. C'est une jeune fille qui veut absolument parler à M. Auguste Lombard.

JULIENNE. Laissez-moi entrer.

AUGUSTE. C'est elle, ma cousine.

JULES. C'est une assemblée de famille !

JULIENNE, entrant. Pardon, Messieurs, Madame... Auguste, viens, viens, si tu savais quel malheur...

VICTOR et AUGUSTE. Un malheur !

JULIENNE, s'arrêtant. Victor ici !

AUGUSTE. Eh bien, oui, Victor... Après ?

JULIENNE, regardant autour d'elle. Dans cette maison !

AUGUSTE. Oui, je te dirai pourquoi.

JULIENNE, regardant encore et voyant Eugénie. Pourquoi ?.. Ah ! la voilà, cette jeune fille si belle !

EUGÉNIE. Comme elle me regarde !

AUGUSTE. Eh bien, voyons ! Qu'est-ce qu'il est donc arrivé ?

JULIENNE. Eh bien ! il est arrivé que mon oncle Lombard... (En regardant Eugénie.) C'est elle, sans doute !..

VICTOR. Eh bien, mon père...

JULIENNE. Votre père, monsieur Victor, est perdu, ruiné... Tout l'argent qu'il avait apporté hier lui a été volé.

AUGUSTE ET VICTOR. Volé !

AUGUSTE. Et qui soupçonne-t-il ?

JULIENNE. Personne encore ! Mais il se désole, et je venais... je suis venue... (Elle regarde Eugénie.) Mais il vous attend !.. Allons-nous-en !

AUGUSTE. Oui, courons, courons !

VICTOR, à madame de Gèvres. Adieu, Madame... oubliez l'insensé qu'avait égaré le charme d'un monde pour lequel il n'était pas né... pardonnez-lui, car il n'oubliera pas qu'il lui est interdit de jamais vous revoir.

AUGUSTE. Allons ! Victor !

JULIENNE. Elle ! même avant son père !

MADAME DE GÈVRES. Ce n'est pas ainsi que je le veux ! Retournez près de votre père, et si le malheur qui le frappe devait porter atteinte à sa fortune et à la vôtre, souvenez-vous qu'il y a ici quelqu'un qui a une dette sacrée à acquitter envers vous, et, s'il le faut, j'irai vous le rappeler.

AUGUSTE. Merci, Madame... Il vous a rendu quelques services, j'en suis sûr... ça ne m'étonne pas de lui, allez! Mais, soyez tranquille, je retrouverai notre voleur d'ici à demain; j'ai idée que celui qui m'a vendu les bijoux de la fête ne les possédait pas légitimement; car il n'en est pas venu chercher le prix ce matin.

M. DE MONNERAIS. Des bijoux, dites-vous?

AUGUSTE. Rien, rien... c'est une affaire qui ne concerne que moi. Allons, allons ! partons !..

M. DE MONNERAIS, à part. Mais dans laquelle il faut que je voie clair, moi aussi !

ACTE TROISIÈME.

Le théâtre représente une chambre de la maison de Lombard; chaises, table, secrétaire; porte au fond et à gauche.

SCÈNE PREMIÈRE.
JACQUES, LOMBARD.

LOMBARD. Eh bien, Jacques, as-tu vu le procureur du roi?

JACQUES. Oui, monsieur Lombard; je lui ai donné le signalement de notre homme, et il recevra votre déclaration aujourd'hui même.

LOMBARD. Ruiné, perdu... Oh ! la justice des hommes n'est pas assez sévère contre ceux qui volent le pauvre, car ce n'est pas seulement son argent qu'on lui dérobe, c'est son nom, sa réputation, son honneur, la vie et l'avenir de ses enfants... Ce n'est pas un vol, Jacques, c'est un assassinat.

JACQUES. Oh ! Monsieur, calmez-vous; vous retrouverez votre argent, car le voleur ne peut manquer d'être arrêté.

LOMBARD. Et si on ne l'arrête pas ! s'il a des complices à qui il a déjà confié le fruit de ce vol, je serai ruiné, déshonoré, déclaré banqueroutier... et plutôt que de subir cette infamie, je me tuerai, vois-tu ?

JACQUES. Monsieur, Monsieur...

LOMBARD, reprenant. Je me tuerai... et pourtant cet homme ne sera condamné que comme voleur !

JACQUES. Mais à supposer, Monsieur, que vous ne deviez pas retrouver votre argent, est-ce une raison pour vous désespérer ainsi ?... Si vous ne pouvez payer demain, personne n'osera se montrer exigeant en face d'un tel malheur; on vous sait honnête homme, on vous accordera du temps... A force de travail tout se réparera, vos ouvriers vous aiment, et vos fils...

LOMBARD, l'interrompant. Oh ! mes fils...

JACQUES. Ne sont-ce pas de braves jeunes gens ?

LOMBARD. Oui, Auguste est un bon et digne garçon.

JACQUES. Et M. Victor ?

LOMBARD. Ah ! celui-là... celui-là, comme il m'a trompé ! J'étais si fier de lui quand je voyais les progrès qu'il faisait dans ses études !.. Je le préférais à Auguste, je le lui donnais toujours pour exemple; mais j'ai été cruellement puni de ma préférence, et ce qu'il a le mieux appris, c'est à mépriser sa famille... son état...

JACQUES. Vous êtes bien sévère pour lui !

LOMBARD. C'est que je l'aime, vois-tu !... et que je sais qu'il ne m'aime pas.

JACQUES. Oh ! Monsieur...

LOMBARD. Non; c'est un ingrat, il rougit de nous... il rougit de son père... Eh bien, je vais lui donner aujourd'hui la chance de le renier... qu'il en profite !... Ah ! j'aime mieux en finir que de vivre ainsi... (Avec éclat.) Où est-il... maintenant, aujourd'hui que le malheur est dans la maison ? Il est sans doute tout à ses plaisirs... à sa vanité.

JACQUES. Voyons, Monsieur, le voilà avec mademoiselle Julienne et M. Auguste.

SCÈNE II.
LOMBARD, JACQUES, VICTOR, AUGUSTE, JULIENNE.

AUGUSTE ET VICTOR, en entrant. Mon père !... mon père !...

JULIENNE. Mon oncle...

LOMBARD, donnant la main à Auguste et à Julienne. Merci, Auguste... Merci, Julienne...

VICTOR. Mon père, nous avons appris le malheur qui vous frappe, nous sommes accourus.

LOMBARD, ému, se maîtrisant. Merci, Monsieur, merci.

VICTOR, à part. Chassé de ce château... repoussé dans cette maison... Oh ! c'est trop !

AUGUSTE, qui a parlé bas à Jacques. Eh bien, mon père, qu'est-ce qu'il me dit donc, Jacques... vous vous désespérez, et vous parlez de vous tuer ?... Et pourquoi ?... pour quelques milliers de francs que vous avez perdus; vous les aviez gagnés pour nous, c'est notre tour, nous les gagnerons pour vous, n'est-ce pas, frère ?

VICTOR, avec tristesse. Oui, nous ferons notre devoir.

LOMBARD, à part. Son devoir... pas un mot du cœur. (Haut.) Oui, oui, Auguste, je compte sur toi; tu n'es pas un faraud, toi... tu ne mets pas de gants de peur que le travail ne te gâte les mains.

JULIENNE, bas à Victor, qui fait un geste d'impatience. Victor, contenez-vous; votre père est si malheureux !

VICTOR, bas. Ne craignez rien, je saurai tout supporter.

LOMBARD, éclatant après avoir observé Victor. Vous voyez bien que ça ne peut pas durer comme ça, il est temps d'en finir... Jacques, laisse-nous. (Jacques sort, et Julienne fait un mouvement pour le suivre.) Reste, Julienne, car toi seule tu es véritablement de la famille; toi seule, ma pauvre enfant, tu es, comme moi, la fille d'un ouvrier, et je n'en peux pas dire autant de...

JULIENNE. Que voulez-vous dire, mon oncle ?

AUGUSTE. Est-ce que vous nous renieriez pour vos enfants ?

LOMBARD, regardant Victor. Dieu fasse que l'un de vous deux ne me renie pas tout à l'heure pour son père !

VICTOR, avec douleur. Ah ! mais qu'ai-je donc fait pour que vous me traitiez ainsi ?

LOMBARD. Je ne parle pas pour vous seul, car ce mystère vous regarde tous deux.

VICTOR. Tous deux !

AUGUSTE. C'est donc un secret bien terrible ?

LOMBARD. Vous allez le savoir, et peut-être vous expliquera-t-il bien des choses qui vous ont paru si extraordinaires dans ma conduite envers vous.

AUGUSTE ET JULIENNE. Nous vous écoutons.

LOMBARD. Je n'ai pas toujours habité ce pays, et, en 1793, je demeurais au petit village de Sautnoy, à quelques lieues à peine de la frontière prussienne; à cette époque, notre village était occupé par les troupes françaises, et la plupart des habitants l'avaient abandonné pour chercher un refuge dans les bois voisins, car nous étions menacés à chaque instant d'être attaqués. J'aurais dû faire comme les autres, mais je ne le pouvais plus, car ma femme, ma bonne Marie, était depuis deux heures en proie aux douleurs de l'enfantement... La nuit était venue, et je craignais de voir expirer ma pauvre femme dans mes bras, malgré les soins du chirurgien du bataillon, qui avait bien voulu venir près d'elle, lorsque nous entendons tout à coup éclater une vive fusillade : c'étaient les Prussiens qui attaquaient notre village à l'improviste, et déjà ils l'avaient presque envahi, qu'on ne soupçonnait pas leur présence. Le chirurgien voulut courir à son poste... « Ah ! m'écriai-je alors en lui montrant ma pauvre Marie, restez, restez. Le poste du médecin est au chevet du mourant, et comme c'est l'heure de se battre, un soldat vaut bien un médecin sur le champ de bataille, et j'y serai. » Là-dessus, je prends mon fusil et je m'élance dans la mêlée...

AUGUSTE. C'est bien, ça, mon père, très-bien !

LOMBARD. Oui, c'était mon devoir, et cependant j'en ai été cruellement récompensé... A peine avais-je fait quelques pas hors de ma maison, que je fus enveloppé, entraîné par un groupe de soldats ennemis; peut-être allaient-ils me tuer, mais nos troupes, surprises et étonnées en un moment, avaient déjà repris l'avantage, et le chef de la petite troupe qui s'était emparée de moi, ayant reconnu à mes habits que je devais être un habitant du pays, me fit épargner, et me garda comme prisonnier; aussitôt il m'ordonna de le conduire par des sentiers détournés, afin de se retirer de la fâcheuse position où il s'était si imprudemment engagé. Je fus donc forcé de servir de guide à sa troupe, et je restai avec elle tant que dura cette longue nuit. Ce ne fut qu'au point du jour qu'on me permit de regagner notre village. Jugez de mon effroi, lorsque des hauteurs voisines je vis l'incendie allumé sur plusieurs points différents, et qui menaçait de dévorer notre hameau tout entier... Je m'élançai, la terreur dans l'âme; je courus, soutenu par cette force infatigable que Dieu donne à l'homme dans ces moments désespérés, et j'allais arriver, haletant, brisé de fatigue, lorsque je fus arrêté de nouveau par un avant-poste français, dont le chef m'interrogea sur la position de l'ennemi... J'avais beau le supplier, il ne voulait pas me relâcher, et comme je me désespérais, un soldat me dit que je n'avais rien à craindre, que le chirurgien était sans doute encore dans ma cabane, car on ne l'avait pas revu, et que d'ailleurs j'y trouverais nombreuse compagnie.

AUGUSTE. Que voulait-il dire ?

LOMBARD. Le voici. Pendant mon absence, et lorsque les Français étaient redevenus maîtres du village, une riche voiture était arrivée dans le pays; un homme et une femme l'occu-

paient : cette femme, dans un état aussi désespéré que celui de Marie, réclamait comme elle les soins d'un médecin, et les soldats lui avaient indiqué ma maison, où se trouvait le chirurgien du bataillon; elle y était descendue, me dit-on, et devait s'y trouver encore. Heureux de cette nouvelle, qui me rassurait, je m'échappe; je cours... j'arrive à la porte de ma maison, et sur le seuil, je trouve le corps du chirurgien frappé d'une balle au front... Épouvanté, j'entre dans ma maison en appelant Marie... aucune voix ne me répond... je me précipite vers le lit où je l'avais laissée : un drap sanglant le recouvrait : je l'arrache, et sur ce lit où j'avais laissé Marie seule, je trouve deux cadavres étendus, deux cadavres de femme... celui de Marie et celui d'une étrangère... toutes deux jeunes, toutes deux belles, toutes deux mortes en donnant le jour à un fils.

TOUS. Grand Dieu ! est-ce possible?

LOMBARD. Oui; car à côté du lit où reposaient les deux cadavres était le berceau où reposaient deux enfants nouveau-nés.

AUGUSTE ET VICTOR. Continuez, mon père !

LOMBARD. Je vous l'avoue, en ce moment, je crus que je perdais l'usage de la raison. J'appelai, je courus; la voiture avait disparu. J'interrogeai les soldats, personne n'avait été témoin de cet affreux événement... je demandai quel était mon fils, et rien ne pouvait me le dire... Enfin, je restai seul en face de ce lit où étaient deux femmes mortes, et de ce berceau où étaient deux enfants, l'un qui était mon sang, l'autre qui ne m'était rien. Je me mis à genoux entre ce lit et ce berceau, je priai Dieu de m'éclairer, je lui demandai quel était mon fils... alors, il me sembla entendre sa voix qui m'enseignait mon devoir, et quand je me relevai, je n'avais plus d'incertitude... je ne choisis pas, je vous pris tous les deux.

AUGUSTE ET VICTOR. Mon père ! mon père !..

LOMBARD. Oui, tous les deux, et voilà pourquoi, depuis vingt-quatre ans que cela s'est passé, ignorant encore quel est celui de vous qui doit être le fils de l'ouvrier, et celui de vous qui est le fils du riche, j'ai travaillé avec toute la persévérance possible, pour vous donner à tous deux le moyen de porter le nom qui vous appartient; c'est pour cela que j'ai voulu faire à la fois de vous deux des hommes instruits et des ouvriers laborieux, afin que lorsque le jour arrivera où la fortune sera pour l'un et la misère pour l'autre, l'un soit digne de sa fortune, et l'autre fort contre la misère.

AUGUSTE. Et nous qui vous accusions... mon père !

VICTOR. Pardonnez-nous... pardonnez-nous !

LOMBARD. Trouvez-vous maintenant ma conduite si imprévoyante et si injuste, et ne pensez-vous pas que j'ai bien accompli la mission que je m'étais imposée?

VICTOR ET AUGUSTE, pleurant. Ah ! mon Dieu ! mon Dieu !

JULIENNE. Oh ! vous voyez, c'est de l'honneur et de la vertu, ça, voyez-vous ; et je suis plus fière d'être votre nièce que d'être celle d'un prince.

LOMBARD. Mais peut-être ne pensent-ils pas ainsi, eux?

AUGUSTE ET VICTOR. Mon père !

LOMBARD. Aujourd'hui que nous sommes en face d'un malheur... aujourd'hui que ce nom de Lombard peut devenir celui d'un banqueroutier, je ne veux pas les obliger à le porter, et je permets à celui de ces deux qui le voudra de le quitter.

JULIENNE. Oseriez-vous donc aujourd'hui faire un choix que votre cœur a refusé de faire depuis vingt-quatre ans ?

LOMBARD, avec douleur et colère. Ah ! le sang et le cœur l'ont fait depuis longtemps entre nous... regarde-les tous les deux. (Montrant Auguste.) Lui, simple, bon et loyal ouvrier comme nous. (Montrant Victor.) Lui, plein de vanité, fier et honteux de son état ! (Montrant Auguste.) Lui qui nous aime ! (Montrant Victor.) Lui qui nous méprise !.. Ah ! tu vois bien que je n'ai pas besoin de choisir ; tu vois bien lequel des deux est mon fils. (Il embrasse Auguste.)

AUGUSTE, en embrassant son père. Mon père !

JULIENNE, à part. Pauvre Victor ! (Pendant ce temps-là, Victor arrache ses gants avec colère et les jette par terre.)

LOMBARD, à Victor. Maintenant, Monsieur, c'est à vous de prendre un parti.

VICTOR. Il est pris, Monsieur. Je ne demanderai pas à mon père d'accepter le dévouement d'un fils ; mais je lui demanderai à mon bienfaiteur de me permettre de m'acquitter envers lui. Si, plus malheureux qu'Auguste, je ne puis pas, selon votre cœur, travailler pour celui qui m'a donné le jour, je travaillerai du moins pour celui qui m'a nourri. (Il ôte son habit et son gilet.) Vous avez choisi, je choisis donc à mon tour... et maintenant, Monsieur, il y a un orphelin de plus dans ce monde, et, si vous daignez y consentir, il y aura un ouvrier de plus dans votre maison.

LOMBARD. Est-ce vrai, Victor?

VICTOR. Vous me jugerez à l'œuvre, Monsieur.

LOMBARD, lui tendant les bras. Monsieur !... ah ! non, non, ton père...

VICTOR, l'embrassant. Mon père !

AUGUSTE. Oui, mon frère, à moi, quoi qu'il puisse arriver.

LOMBARD. Oh ! oui, mes enfants, tous les deux, car ce serait pour moi un affreux malheur que de savoir lequel de vous deux je n'ai pas le droit d'appeler mon fils.

JULIENNE. Ah ! c'est un heureux jour que celui-ci.

JACQUES, entrant. Monsieur Lombard, une lettre du procureur du roi. (Il sort.)

LOMBARD, prenant la lettre. Oui, un heureux jour pour le cœur, mais pas pour la bourse... Mais maintenant que nous sommes unis, maintenant que j'ai retrouvé mes deux fils, je reprends tout mon courage. Allons, mes enfants, il faut d'abord penser à retrouver notre voleur.

AUGUSTE. Et là-dessus j'ai une idée qui pourra nous faire aller droit dans notre recherche.

LOMBARD. Voyons, qu'est-ce que c'est?

AUGUSTE. Julienne, où sont les bijoux que je t'ai donnés hier?

JULIENNE. Ces bijoux...

AUGUSTE. Oui, c'est Roussillon qui me les a vendus... je ne sais pas ce qu'ils valent au juste, mais ils valent sûrement plus de soixante francs. Or, pour les vendre si bon marché, il fallait qu'ils ne lui coûtassent pas cher, et comme il n'en est pas même venu chercher le prix, il y a à parier que c'est parce qu'il s'était payé par ses propres mains.

LOMBARD. Je n'avais pas besoin de cette histoire pour soupçonner ce garnement... N'importe ! vous allez m'accompagner chez le procureur du roi pour lui faire cette déclaration. Toi, tu vas nous remettre ces bijoux, pour que nous les déposions entre ses mains ; ce sera peut-être un indice qui servira à le faire découvrir.

JULIENNE. J'y vais, mon oncle. (Elle sort.)

LOMBARD. Et nous, mes enfants, préparons-nous à sortir. (Regardant Victor qui rêve, et puis bas à Auguste.) Eh bien ! qu'est-ce qu'il a, ton frère, est-ce qu'il m'en veut toujours?

AUGUSTE. Non, non, mon père ; mais il n'est pas heureux, voyez-vous... il est amoureux.

LOMBARD. D'une femme plus riche que lui, sans doute ?

AUGUSTE. Oh ! c'est toute une histoire, imaginez-vous... (Ils causent tout bas.)

VICTOR, à part. L'un de nous deux n'est pas son fils... et si jamais.. Non, non, c'est un espoir insensé, et ce serait une horrible ingratitude... O Eugénie.. c'en est fait, je ne dois plus vous revoir.

LOMBARD, qui s'est approché doucement. Eh bien, Victor, qui sait ! Nous redeviendrons peut-être riches, et alors...

VICTOR. Oh ! merci, mon bon père, merci... je vous comprends ; Auguste vous a tout dit.

LOMBARD. Il n'y a pas de mal à ça, il n'y a de mal qu'à se désespérer. L'avenir est grand, mon garçon, et il y a place pour tout le monde.

SCÈNE III.

LES MÊMES, JACQUES.

JACQUES. Monsieur Lombard...

LOMBARD. Qu'est-ce que c'est?

JACQUES. Une vieille dame qui vient d'arriver en voiture et qui voudrait vous parler sur-le-champ.

LOMBARD. C'est pour quelque commande... je n'ai guère le cœur à parler d'affaires !.. C'est égal, nous ne sommes pas en position de renvoyer nos pratiques... qu'elle entre. (Jacques sort.)

VICTOR, qui est allé au fond. C'est madame de Gèvres.

LOMBARD, à Auguste. Madame de Gèvres, chez qui tu as été hier?

AUGUSTE, bas. Oui, la grand'mère de la jeune personne.

LOMBARD. Ah ! je comprends ! (A Victor.) Eh bien ! voyons, qu'as-tu ? ça te poigne le cœur de te montrer comme ça devant elle ; ça se conçoit très-bien, et je ne t'en veux pas... laisse-nous, je vais la recevoir.

VICTOR. Non, mon père, non... c'est ma première épreuve, je veux la supporter devant vous ; ce serait une lâcheté que de me retirer.

LOMBARD. Merci, Victor... tu vaux mieux que moi ; je n'aurais pas eu ce courage.

SCÈNE IV.

LOMBARD, VICTOR, AUGUSTE, MADAME DE GÈVRES.

MADAME DE GÈVRES. Vous êtes monsieur Mathieu Lombard?

LOMBARD. Oui, Madame, et voici mes deux fils.

MADAME DE GÈVRES. J'ai déjà eu l'occasion de les voir tous les deux, et je connais M. Victor.

LOMBARD. En ce cas, vous connaissez un digne et honnête garçon, Madame.
MADAME DE GÈVRES. J'aurais pourtant quelques reproches à lui faire.
LOMBARD. De ce qu'il ne vous a pas dit qu'il était le fils d'un pauvre menuisier... Ah! dame! que voulez-vous? c'est jeune, c'est amoureux... ça sent ce que ça vaut... ça se monte la tête... il faut lui pardonner... il en est plus puni que personne, et je ne le laisserais pas humilier devant moi.
MADAME DE GÈVRES. Je n'en ai ni le droit ni la volonté, Monsieur; et quand vous m'aurez entendue, vous verrez que je ne suis venue ici que dans des intentions bienveillantes.
LOMBARD. Nous vous écoutons, Madame.
MADAME DE GÈVRES. Puisque vous savez que monsieur Victor venait dans ma maison, vous devez savoir aussi qu'il m'a sauvé la vie, ainsi qu'à ma petite-fille.
LOMBARD. Non; il ne s'était pas vanté de ça.
AUGUSTE. C'est vrai... il a sauvé Madame et mademoiselle Eugénie.
LOMBARD, à Auguste. Tu ne m'en as rien dit, toi... là, tout à l'heure?
AUGUSTE. Vous savez bien que ça n'est pas la première fois que ça lui arrive de sauver quelqu'un, et c'est ennuyeux de toujours raconter la même chose.
MADAME DE GÈVRES. Je vous l'apprends donc, Monsieur, et vous ne vous étonnerez pas que je veuille reconnaître ce service lorsque le hasard m'en offre l'occasion.
VICTOR, à part. Que veut-elle dire?
LOMBARD. Je ne vous comprends pas.
MADAME DE GÈVRES. Le hasard m'a fait apprendre le malheur qui vous a frappé; j'ai pensé que dans une circonstance si cruelle le secours d'un ami pourrait vous être utile, et ce portefeuille...
VICTOR, tombant sur une chaise. Ah! une aumône! quelle humiliation!
LOMBARD. Ce portefeuille... (Il va à Victor.) Qu'en dis-tu, Victor?
VICTOR, se relevant. Je dis... je dis, Madame, que ce n'est pas pour l'argent que je vous ai sauvée, et que si la reconnaissance vous pèse, je vous en tiens quitte sans qu'il soit besoin de me payer.
LOMBARD, bas. Bien répondu, Victor.
MADAME DE GÈVRES. Sa générosité l'égare, Monsieur.
LOMBARD. Pardon, Madame, ce n'est pas mon affaire... je ne puis pas le forcer. (Il s'éloigne.)
MADAME DE GÈVRES, à Auguste. Mais vous, son frère, vous lui ferez comprendre que ce n'est pas une salaire, mais un don.
AUGUSTE. Merci! cet argent-là nous pèserait sur l'amour-propre.
MADAME DE GÈVRES. Mais si un étranger vous offrait cette somme?
AUGUSTE. Un étranger, ça serait différent... et puis il nous la prêterait...
MADAME DE GÈVRES, souriant. Eh bien! je vous la prête, moi.
AUGUSTE. Il nous prendrait de gros intérêts.
MADAME DE GÈVRES, avec bonté. Eh bien! je vous en demanderai de même.
AUGUSTE. Et si nous ne payions pas à l'échéance, il nous poursuivrait.
MADAME DE GÈVRES. Je vous poursuivrai.
AUGUSTE. Il nous enverrait en prison.
MADAME DE GÈVRES. J'en ferai autant.
AUGUSTE. Diable!...
MADAME DE GÈVRES. Je vous jure que je serai un créancier très-exigeant. Et vous acceptez de cette manière?
AUGUSTE. De cette manière... c'est trop cher... c'est trop bon marché de l'autre; tenez, croyez-moi, Madame, il n'y a pas moyen de conclure l'affaire.
MADAME DE GÈVRES. Je n'insiste pas davantage, et je me retire avec le regret d'avoir vu méconnaître le sentiment de reconnaissance qui m'avait conduite ici.
LOMBARD. Ne vous offensez pas de notre refus, Madame; c'est notre noblesse, à nous, de rendre service pour rien; il ne faut pas nous l'envier.

SCÈNE V.
Les mêmes, EUGÉNIE.

EUGÉNIE, accourant. Maman... maman... oh! ne partez pas encore.
MADAME DE GÈVRES. Eugénie, tu m'avais promis de ne pas quitter la voiture.
EUGÉNIE. Et je l'aurais fait; mais j'ai vu arriver de loin la calèche de M. de Monnerais; alors, j'ai fait cacher la nôtre derrière cette maison, et je suis venue vous avertir.

MADAME DE GÈVRES. Mais pourquoi toutes ces précautions?
EUGÉNIE. C'est que vous ne savez pas, maman... Ce matin, quand M. Auguste a parlé de bijoux, qu'on lui avait vendus, mon oncle a eu l'air tout surpris... puis quand ces messieurs ont été partis, j'ai entendu son fils qui disait : « il serait singulier que ce fussent ceux qu'on vous a volés. »
AUGUSTE. Ça n'est pas impossible.
EUGÉNIE. Oui; mais savez-vous ce que mon oncle disait : « Oh! si je pouvais retrouver ces bijoux dans leurs mains, je leur ferais payer cruellement leur insolence; car il serait facile alors d'expliquer comment ils ont pu m'être dérobés. »
LOMBARD. Quand ce serait nous qui les aurions, ça ne me paraîtrait pas plus clair pour ça.
EUGÉNIE. C'est qu'il a ajouté... C'est affreux... mais c'est un homme si méchant...
AUGUSTE. Eh bien! qu'a-t-il ajouté?
JULIENNE, hésitant. « Que lorsqu'une personne qui ne veut pas dire son nom s'introduit dans une maison... »
TOUS. Quelle horreur!
VICTOR, avec éclat. Ah! l'infâme!... Ah! merci, mon père, de n'avoir pas accepté les bienfaits de cette noble famille... je pourrai me venger de son chef.
AUGUSTE. Un moment, un moment; ça me regarde; c'est moi qui ai acheté les bijoux. (Il appelle.) Julienne! Julienne! voyons, donne un peu ces bijoux que je t'ai demandés.

SCÈNE VI.
Les mêmes, JULIENNE.

JULIENNE. Pardon, je vous savais en affaire... je ne suis pas entrée... les voilà...
AUGUSTE, prenant les bijoux et les montrant à madame de Gèvres. Belle affaire!... il n'y a pas là de quoi se faire voleur; regardez.
MADAME DE GÈVRES. Grand Dieu!... ces bijoux...
TOUS. Qu'y a-t-il?
MADAME DE GÈVRES, les prenant à son tour. Ces bijoux... c'est bien cela...
AUGUSTE. Est-ce qu'ils appartiennent à M. de Monnerais?
MADAME DE GÈVRES. A M. de Monnerais? (A part et comme si elle cherchait un souvenir.) En effet, lui seul pouvait les avoir... mais alors!... ô mon Dieu!... que faire? que penser?... serait-ce un crime que je vais apprendre?
EUGÉNIE. Mais, maman, qu'avez-vous donc? quels sont ces bijoux?
MADAME DE GÈVRES. Ces bijoux sont ceux...
AUGUSTE, vivement. Juste... voici M. de Monnerais... je vais le traiter comme il le mérite.
MADAME DE GÈVRES, avec anxiété. Non, non; laissez-moi faire, et gardez le silence.
AUGUSTE. Mais...
MADAME DE GÈVRES. Faites-le taire, Monsieur, je vous en supplie...
LOMBARD. Allons! tais-toi, tais-toi.
VICTOR. Nous ferons ce que vous voudrez, Madame.
MADAME DE GÈVRES. Si vous saviez ce que sont ces bijoux!
LOMBARD, à Auguste, qui se démène. Allons! tiens-toi donc tranquille! ça ne peut pas nous regarder.
AUGUSTE. Faut voir... faut voir...

SCÈNE VII.
Les mêmes, M. DE MONNERAIS.

M. DE MONNERAIS, du fond et à part en entrant. Madame de Gèvres... de la prudence.
MADAME DE GÈVRES, avec un calme affecté. Bonjour, monsieur le baron; je suis charmée de vous rencontrer ici...
M. DE MONNERAIS. Je devine aisément le motif qui a dû vous y conduire; et je ne m'étonne pas de cette démarche dictée par votre générosité.
MADAME DE GÈVRES. Si j'en crois quelques propos qui m'ont été rapportés, la vôtre serait moins bienveillante pour cette famille...
M. DE MONNERAIS, à part. Que veut-elle dire? (Haut.) Je vous jure qu'elle n'a rien que de bien simple et de bien naturel.
MADAME DE GÈVRES, examinant M. de Monnerais. En effet, on vous a dérobé des bijoux; ce jeune homme se trouve en avoir acheté qu'on soupçonne avoir été volés, et il est très-naturel de supposer que ce peuvent être les vôtres.
M. DE MONNERAIS, à part. Elle le sait... de l'assurance, ou je suis perdu! (Haut.) C'est une supposition bien peu vraisemblable; et il faudrait un hasard bien extraordinaire! Mais enfin j'ai voulu savoir à quoi m'en tenir, et voir ces bijoux...
MADAME DE GÈVRES, vivement. Ces bijoux... les voici.

M. DE MONNERAIS, à part. Ce sont eux...
MADAME DE GÊVRES, avec force. Eh bien ! Monsieur, vous voyez que ce n'était pas une supposition si invraisemblable, un hasard si extraordinaire; car ces bijoux...
M. DE MONNERAIS, froidement. Ne sont pas ceux qui m'ont été dérobés. (Lombard, ses fils et Julienne, qui jusque-là ont écouté, se retirent à l'écart.)
MADAME DE GÊVRES, plus vivement. Ce ne sont pas eux... quoi ! vous ne les reconnaissez pas?
M. DE MONNERAIS. Non, Madame, non, je ne les ai jamais vus.
MADAME DE GÊVRES. Vous ne les avez jamais vus, Monsieur ? mais ce sont ceux que portait l'infortunée Laura.. dans ce triste voyage où elle fut assassinée sous vos yeux, au village de Sautnoy.
LOMBARD, du fond, à part. Au village de Sautnoy !
M. DE MONNERAIS. Vous avez raison, en effet... mais depuis vingt-quatre ans que cet affreux événement s'est passé, j'ai pu oublier la forme de ces bijoux, et ne pas les reconnaître au premier coup d'œil.
LOMBARD, à part, en s'approchant. Depuis vingt-quatre ans.
MADAME DE GÊVRES. Oui, Monsieur. Et après vingt-quatre ans, ce serait un hasard bien plus extraordinaire de ret ouver ici ces bijoux, qui ont été volés par des soldats prussiens, que de croire qu'ils sont restés dans ses mains.
LOMBARD, vivement à madame de Gêvres. Il y a vingt-quatre ans, à Sautnoy, une jeune dame, dites-vous, a été assassinée et volée par des soldats prussiens?
MADAME DE GÊVRES. Sans doute!
LOMBARD. Mais la date... la date certaine de cet événement ?
MADAME DE GÊVRES. Ah! pour cela je ne l'ai pas oublié, c'était le vingt novembre dix-sept cent quatre-vingt-treize.
LOMBARD. Le vingt novembre dix-sept cent quatre-vingt-treize !
AUGUSTE, JULIENNE, VICTOR. Grand Dieu !...
LOMBARD. C'était une jeune femme de vingt ans?
MADAME DE GÊVRES. Oui.
LOMBARD. D'une taille élevée ?
MADAME DE GÊVRES. Oui.
LOMBARD. Les cheveux blonds?
MADAME DE GÊVRES. Oui... oui...
LOMBARD. Voyageant en voiture avec un homme ?
MADAME DE GÊVRES. C'était M. de Monnerais.
LOMBARD. Et elle était sur le point d'accoucher ?
MADAME DE GÊVRES. D'où le savez-vous?
LOMBARD, à M. de Monnerais. Et vous dites qu'elle a été assassinée par des soldats prussiens avec son enfant?
M. DE MONNERAIS. Oui, Monsieur.
LOMBARD. Vous mentez, Monsieur.
M. DE MONNERAIS. Elle est morte assassinée, Monsieur; je vous dis qu'elle est morte.
LOMBARD. C'est vrai; mais elle est morte sans doute d'épouvante et de douleur, morte pour avoir été lâchement abandonnée par celui qui l'accompagnait; (A madame de Gêvres) mais elle n'est morte, Madame, qu'après avoir donné le jour à un enfant.
MADAME DE GÊVRES. A un enfant?
LOMBARD. Oui, Madame, et cet enfant, c'est?.. (Il se retourne et reste immobile et éperdu en regardant Victor et Auguste.)
MADAME DE GÊVRES. Eh bien !... c'est?...
LOMBARD. C'est... n gardez, Madame, les voilà tous deux. Depuis vingt-quatre ans que je les ai retrouvés dans la cabane, couchés dans le même berceau, près du lit où étaient ma femme et cette étrangère, mortes toutes deux, je n'ai pas osé choisir; voyez si vous avez plus de courage que moi.
MADAME DE GÊVRES. Mais que voulez-vous dire, mon Dieu ! je ne puis vous comprendre. (Lombard va à un secrétaire qu'il ouvre.)
M. DE MONNERAIS. Eh ! Madame, ne rougissez-vous pas d'écouter les mensonges de ce misérable? Et lui-même, oserait-il le dire devant vous s'il en comprenait toute la portée?
LOMBARD. Je ne sais, Monsieur, ce qui peut en arriver, mais je le savais sans doute encore moins, lorsqu'il y a vingt-quatre ans, je fis dresser cet acte par le maire du village de Sautnoy... Lisez, Madame !
MADAME DE GÊVRES. Donnez, Monsieur...
LOMBARD, pendant que madame de Gêvres lit. Vous voyez, Madame, « Le vingt novembre dix-sept cent quatre-vingt-treize. »
MADAME DE GÊVRES, tout en lisant. Oui, oui.
LOMBARD. « Une femme arrivée en voiture, »
MADAME DE GÊVRES. Oui.
LOMBARD. Voyez son signalement... retrouvée morte dans une cabane.
MADAME DE GÊVRES. Oui, oui.
LOMBARD. Voyez les deux enfants.
MADAME DE GÊVRES. Grand Dieu !... écoutez !
M. DE MONNERAIS. Que va-t-elle apprendre?

MADAME DE GÊVRES, lisant. « Nous avons remarqué, que par une précaution bien naturelle, le chirurgien qui avait accouché la femme de Lombard et l'étrangère avait marqué chaque enfant d'un signe particulier. »
VICTOR ET AUGUSTE. O ciel !
MADAME DE GÊVRES. « L'un d'eux portait au bras droit une incision cruciale. »
VICTOR. La voilà...
MADAME DE GÊVRES. « L'autre en portait une au bras gauche. »
AUGUSTE. La voilà !
MADAME DE GÊVRES. Ainsi l'un de vous deux serait...
M. DE MONNERAIS, à part. Ah ! c'est vrai !
LOMBARD. Oui, Madame, l'un d'eux n'est pas mon fils ; mais achevez... (Il reprend le papier et lit.) « Mais nous n'avons pu découvrir le secret de cette marque ; car le chirurgien qui l'avait faite, et qui seul pouvait dire à quelle mère appartenait chacun de ces enfants, a été trouvé mort sur le seuil de la cabane, et l'homme qui accompagnait cette femme étrangère avait disparu. »
M. DE MONNERAIS, à part. Je respire !
LOMBARD. Ainsi, Madame, malgré tous mes efforts, nous resterons tous dans la même ignorance.
MADAME DE GÊVRES, regardant Victor et Auguste. L'un d'eux !
EUGÉNIE. Oui, ma mère.
MADAME DE GÊVRES, allant à Victor. Ah ! c'est lui, sans doute, ou peut-être... Oh ! venez tous deux, venez que je vous regarde, mon cœur devinera... Mais ma vue se trouble, je pleure, je ne puis voir... Ah ! mon Dieu, éclairez-moi... (Allant à M. de Monnerais.) Mais vous, Monsieur, vous devez savoir ?...
M. DE MONNERAIS. Je ne sais rien, Madame, que ce que je vous ai dit, et je ne me laisse pas abuser par des imposteurs qui voudraient usurper l'une des plus riches fortunes et l'un des plus beaux noms de France ; et il faudra d'autres preuves que ces misérables allégations avant que l'un des fils de M. Lombard soit reconnu marquis de Gêvres.
LOMBARD, SES FILS ET JULIENNE. Marquis de Gêvres !
MADAME DE GÊVRES. Oui, car cette infortunée était ma bru, la femme de mon malheureux fils.
VICTOR, à part. Marquis de Gêvres !
AUGUSTE, à part. Ça doit être lui.
EUGÉNIE, à part. Ah ! mon Dieu, quel espoir !
JULIENNE, à part. Pauvre Julienne !
LOMBARD, à part. Comme ils ont l'air content !
MADAME DE GÊVRES. Ah ! rien, rien pour nous éclairer !

SCÈNE VIII.

Les mêmes, JULES.

JULES. Enfin, je vous retrouve, mon père... (A madame de Gêvres, qu'il salue.) Pardon, Madame.
M. DE MONNERAIS. Qu'y a-t-il ?
JULES. Un homme s'est présenté au château après votre départ ; il a tellement insisté pour vous voir, que je l'ai reçu, et alors il m'a remis cette cassette en me disant de vous la faire parvenir immédiatement, et qu'il y allait de notre fortune...
MADAME DE GÊVRES. Cette cassette, encore...
M. DE MONNERAIS. Ah ! donnez, donnez.
MADAME DE GÊVRES. Non, non, c'est celle qui renfermait ces bijoux.
M. DE MONNERAIS. Donnez, donnez donc, mon fils.
AUGUSTE s'en empare au moment où M. de Monnerais va la prendre. Un moment !
M. DE MONNERAIS. Qu'est-ce à dire ?
JULES. Cette violence !
AUGUSTE. On vous en rendra compte.
MADAME DE GÊVRES. Voyons, peut-être y trouverons-nous une preuve. (Victor, Auguste, madame de Gêvres et Eugénie vont vers la table de droite; Julienne y veut courir aussi.)
LOMBARD, à Julienne, en la retenant. Reste au moins, toi.
VICTOR. Tenez, Madame, ce papier.
M. DE MONNERAIS. Je suis perdu !
MADAME DE GÊVRES. Donnez, donnez... (Lisant.) « Le nom de l'endroit où j'ai caché les papiers que renfermait cette cassette vaut dix mille francs... que M. de Monnerais me les compte dans une heure, ou sinon j'irai les demander à madame de Gêvres. »
VICTOR. Et cet homme, quel est-il ?
AUGUSTE, qui regarde par-dessus l'épaule de madame de Gêvres. C'est Roussillon, je reconnais son écriture.
VICTOR. Oui, oui, c'est bien cela.
JULES, bas à son père. Par précaution, je l'ai fait retenir prisonnier au château.
M. DE MONNERAIS. Silence !

MADAME DE GÈVRES. Mais où le retrouver ?
M. DE MONNERAIS. Ce n'est pas moi qui suis chargé de vous le dire... Venez, Jules.
VICTOR, courant à la porte du fond. Non, Monsieur, non, vous ne sortirez pas.
JULES. Qu'est-ce à dire?...
VICTOR. Vous ne sortirez pas, vous dis-je!
AUGUSTE. Laisse passer, laisse passer! Messieurs, donnez-vous donc la peine de sortir.
M. DE MONNERAIS, à part. Je l'aurai vu le premier, je suis sauvé! (Ils sortent.)
AUGUSTE. Enfoncé, le tuteur!
MADAME DE GÈVRES. Mais il va retrouver cet homme!
AUGUSTE. Oui, mais je reconnais ses repaires. Toi, Victor, à l'auberge du Vieux-Cerf. Vous, mon père, au bouchon de la Tête-Noire.
LOMBARD, tristement. Il faut faire mon devoir, j'irai.
VICTOR. Et toi?
AUGUSTE. Moi, à la piste de ceux-ci, si par hasard le rendez-vous était ailleurs.
MADAME DE GÈVRES. Mais ils sont en voiture.
AUGUSTE. Et moi, sur deux bonnes jambes que je ne craindrai pas de fatiguer pour faire le bonheur de Victor, car c'est lui qui est le marquis, j'en suis sûr...
MADAME DE GÈVRES. Vous nous retrouverez au château de Gèvres, avec votre cousine.
AUGUSTE. C'est dit!
EUGÉNIE. Venez! venez!
AUGUSTE. Allons... allons. (Ils sortent tous

ACTE QUATRIÈME.

Une salle du château de Gèvres. Porte au fond, fenêtre à gauche, à côté ; portes à droite et à gauche ; cheminée à gauche, sur le premier plan. Une table devant la cheminée, à deux pieds environ.

SCÈNE PREMIÈRE.

ROUSSILLON, seul, assis près d'une table avec une bouteille de vin.
Il paraît que la course est longue pour retrouver le baron de Monnerais... Est-ce que j'aurais fait une bêtise?.. Pas moyen de sortir... une fenêtre pour tout chemin... et trente pieds d'ici en bas sans chaussée ni trottoir... Si j'avais encore la corde de ce badigeonneur qui pend à la fenêtre à côté... mais pas moyen de l'agripper... J'aurais peut-être tout aussi bien fait de filer avec l'argent des Lombard... mais c'est si lourd, ce gueux d'argent! j'en avais ma charge à le porter pendant la nuit, et c'est tout au plus si j'ai pu arriver jusqu'à la Tête-Noire et entrer sans qu'on devinât ce que j'avais sur le dos... C'est de l'or qu'il me faut, et puis, il ne sera pas assez bête pour me livrer à la justice... on s'entend mieux que ça entre honnêtes gens... S'il en sait sur mon compte pour me faire faire de la peine, j'en ai trop appris sur le sien pour qu'il ne perdît pas plus gros que moi à ce jeu-là... J'ai eu une bonne idée de lire les papiers que contenait cette cassette au moment où j'allais les jeter au feu... (il montre les papiers.) C'est dix mille francs que le bon Dieu m'a envoyés avec cette idée-là. Dix mille francs d'une part, et quinze mille de l'autre... vingt-cinq mille francs... et une fois de l'autre côté de la frontière... c'est ça qui me vient pas vite, l'autre côté... et ça commence à m'embêter d'écouter sonner les pendules... encore si c'était une montre, on la mettrait dans sa poche pour s'occuper. Si ça doit durer longtemps encore, j'aime autant y renoncer. (Il appelle.) Garçon, garçon! Comment ! personne !... Attends ! attends ! je le ferai bien venir. (Il tire tous les cordons de sonnettes.)

SCÈNE II.

ROUSSILLON, UN DOMESTIQUE.

LE DOMESTIQUE. Eh bien! qu'est-ce que c'est? Vous faites un tapage... on dirait que le feu est au château.
ROUSSILLON, à part. Tiens ! il a une idée, ce gaillard-là... c'est un moyen pour m'esquiver auquel je n'avais pas encore pensé.
LE DOMESTIQUE. Qu'est-ce que vous dites?
ROUSSILLON. Je dis, mon loulou, que puisque ton maître est si lent à rentrer, j'aimerais autant aller l'attendre dehors.

LE DOMESTIQUE. Il sera ici dans un quart d'heure.
ROUSSILLON. D'où le sais-tu?
LE DOMESTIQUE. Du chasseur de monsieur le baron, qui est revenu sur le cheval de monsieur Jules, et qui a pris les devants sur la voiture.
ROUSSILLON, à part. Bon! il paraît que mon poulet a opéré. (Haut.) Et ce laquais n'a rien apporté pour moi?
LE DOMESTIQUE. Mille pardons, il a apporté l'ordre exprès de vous casser les reins si vous tentiez de vous échapper.
ROUSSILLON. Ah!
LE DOMESTIQUE. Qu'en dites-vous?
ROUSSILLON. C'est une attention qui prouve combien le baron désire me voir! Et il n'y a pas autre chose qui me concerne?
LE DOMESTIQUE. Du reste, il nous est ordonné d'avoir les plus grands égards pour vous.
ROUSSILLON. Eh bien! apporte-moi une bouteille d'égards, et soignée.
LE DOMESTIQUE. Plaît-il?
ROUSSILLON. Et meilleur que celui-ci.
LE DOMESTIQUE. Comment! vous voulez encore du vin! voilà déjà la seconde bouteille.
ROUSSILLON. Et ça fera la troisième !... N'aie pas peur, tu diras à monsieur le baron de les rabattre sur mon compte.
LE DOMESTIQUE. Voulez-vous encore du bordeaux?
ROUSSILLON. Merci. Tu n'aurais pas du vin de la barrière ?
LE DOMESTIQUE. Qu'est-ce que c'est que ce cru-là ?
ROUSSILLON. Cru ou cuit, ça m'est égal, pourvu que ça se sente boire; mais ton bordeaux, ça ne gratte pas du tout la gorge, c'est de la vraie lavasse.
LE DOMESTIQUE. Vous êtes difficile ! Du vin à cent sous la bouteille...
ROUSSILLON. Cent sous, cette loque de vin! Comme on les floue, ces bourgeois !... Tiens, apporte-moi plutôt plusieurs espèces de petits verres.... Il y a chance que ça m'ira mieux.
LE DOMESTIQUE. C'est bon. (Le domestique sort.)

SCÈNE III.

ROUSSILLON, seul. Diable ! diable ! me casser les reins si je tente de fuir! ce n'est pas adroit, monsieur le baron, vous chauffez trop vite le four. Ah ! vous voulez me faire casser les reins !... Vous avez donc bien peur que je m'en aille? Ceci commence à me rassurer... Et il envoie un chasseur en courrier, et il revient au galop... J'ai demandé trop peu , dix mille francs !... Allons donc ! c'est une bêtise ! c'est quinze mille francs qu'il faut. Qu'est-ce que je dis, quinze mille ? C'est... (On entend le bruit d'une voiture; il va à la fenêtre.) C'est lui ! il est avec le jeune homme.... Hum ! il n'a pas l'air commode... ça sera peut-être plus dur à arracher que je ne pensais. Je ne sais pas; mais je croyais que c'était quelque vieux à ailes de pigeon et doux à plumer comme le miel ! (Le domestique paraît.) C'est le baron qui vient d'arriver ?
LE DOMESTIQUE. C'est lui !
ROUSSILLON. Et il ne vient pas...
LE DOMESTIQUE. Non ; il s'est arrêté en bas pour écrire un mot. Voilà ce que vous avez demandé.
ROUSSILLON. Merci. Et qu'est-ce qu'il a écrit, ton baron?
LE DOMESTIQUE. Je ne sais pas... mais il a dit à un domestique de monter à cheval pour aller à Lille, chez le procureur du roi.
ROUSSILLON, épouvanté. Chez le procureur du roi !
LE DOMESTIQUE. Qu'avez-vous donc?
ROUSSILLON. Rien, rien... C'est ce bordeaux qui m'a tout affadi le cœur... Je vais me remettre un peu. (Le domestique sort. Roussillon se verse un petit verre et boit.) C'est que c'est vrai, je crois que j'ai eu peur. (Autre petit verre.) Allons donc, Roussillon ! (Autre petit verre.) Un peu de toupet, mon fils! (Autre petit verre.) Voilà qui me remet. (Il en boit deux autres, et près de se verser à boire, il regarde la bouteille et la remet.) Et d'abord, mettons le trésor à l'abri d'une visite domiciliaire... (Après avoir regardé de tous côtés.) Là dans le manteau de la cheminée ; en plein juillet, il n'y a pas à craindre qu'on le grille. (Il cache les papiers dans la cheminée.) C'est fait! Encore un coup... encore... non; ni trop, ni trop peu... en voilà assez. (Il pose la bouteille.) Faut voir clair pour marcher droit, et ne pas bredouiller pour s'entendre... D'ailleurs, si je suis dans la souricière, je n'ai pas encore mordu au lard, et tant qu'il n'aura pas le papier en question, la trappe ne s'abaissera pas.

DNIEPER, *s'approchant.*
Quoi? Sapristi?
ROSINE.
Qu'est-ce que vous avez?
D'ANCENY, *bas à Ernest.*
Chut! maladroit!... vous ne la connaissez pas... c'est convenu...
ERNEST.
Moi... non... je ne la connais pas... Madame la baronne!... Ah! sapristi!
D'ANCENY, *à part, riant.*
Ah! bon!
DNIEPER.
Sapristi! Was?... Pourquoi il dit sapristi! C'être un tic?
LA BARONNE.
Je n'ai jamais vu monsieur!
ERNEST.
Non... non... (*à D'Anceny.*) En voici de l'aplomb!
D'ANCENY.
Madame la baronne revient d'Allemagne avec M. le comte de... (*regardant madame de l'Étang.*) de...
MADAME DE L'ÉTANG.
De Dnieper.
DNIEPER.
Ia, her graff von Dnieper.
D'ANCENY, *répétant.*
Her graff von Dnieper... qui l'épouse... (*bas.*) Y êtes-vous? (*il remonte vers la cheminée.*)
ERNEST.
Ah! oui! ah! oui! (*à part.*) C'est de la matrimoniomanie!
LA BARONNE, *assise à gauche sur le canapé.*
Il m'a semblé que monsieur avait nommé M. Georges de Chenevières...
ERNEST.
Oui, c'est-à-dire... si j'avais su... je ne savais pas... je n'aurais pas prononcé... ce nom-là!
MADAME DE L'ÉTANG, *assise près de la cheminée.*
Pourquoi?
D'ANCENY, *bas.*
Laissez-le donc s'embourber; il est très-amusant.
LA BARONNE.
Je ne vous comprends pas, Monsieur... Le nom de M. Georges de Chenevières ne m'est pas tout à fait inconnu... il est vrai!...
ERNEST.
Ah!
D'ANCENY, *à part.*
C'est heureux!
DNIEPER, *assis près de la baronne.*
Cheorges?... vous connaissez...
LA BARONNE.
Mais pour avoir entendu parler autrefois... de son mariage... avec une jeune fille... je crois...
D'ANCENY.
Oui, une ouvrière... une vertu. (*Appuyant.*) Je crois...
ERNEST, *de même.*
Justement... et tout manqua... je crois.
LA BARONNE.
En vérité!... et cette jeune fille, qu'est-elle donc devenue?
ERNEST.
Oh! (*A part.*) Elle le demande... (*Dnieper écoute avec une grande attention et regarde tour à tour chacun de ceux qui parlent.*)
D'ANCENY, *à part.*
Le Danois est superbe. (*Haut.*) Mais elle est partie... Je crois.. le même jour que Madame.
LA BARONNE.
Partie! (*A part.*) Thérèse!
D'ANCENY.
Pour l'Allemagne.
ERNEST.
Je crois.
ROSINE, *assise à droite sur le canapé.*
Ah! ça, quelle histoire nous contez-vous là! Ce n'est pas amusant du tout.
MADAME DE L'ÉTANG, *se levant.*
AIR : *J'en guette, etc.*

Elle a raison!... il semble qu'on nous donne
Une charade à deviner.
Ne pensons tous qu'au plaisir! Je l'ordonne!
Jusqu'à la nuit il faut nous promener.
Et puis ce soir, en costume fantasque,

Nous reviendrons, et l'on se masquera!...
D'ANCENY, *regardant la baronne.*
Si tard!... moi je croyais déjà
Que chacun avait mis son masque!...
ERNEST.
Ha! ha! ha!... C'est vrai!
LA BARONNE, *gaîment et se levant.*
Au fait! nous ne sommes pas ici pour nous occuper de M. Georges de Chenevières... quelque petit fat dont nous ne savons pas même l'adresse!
ERNEST, *assis près de Rosine. Canapé à droite.*
Si fait! il demeure à deux pas d'ici... dans la maison de mon agent de change.
ROSINE.
Tiens! vous avez un agent de change, vous!
ERNEST.
Eh! mais quand j'éprouve le besoin de perdre un peu d'argent... il m'aide.
ROSINE.
Eh! bien!... et moi! votre future, votre femme?...
TOUS, *riant.*
Ha! ha! ha!
MADAME DE L'ÉTANG.
Voyez donc, je vous prie, M. D'Anceny, si ces calèches sont attelées?
D'ANCENY.
La mienne est arrivée depuis longtemps, je vais voir... (*Il sort par le fond à droite.*) — *Ils remontent tous, excepté la baronne, madame de l'Étang et Dnieper qui donne des signes d'impatience.*)
ERNEST, *à demi-voix à la Baronne.*
Vous semblez bien émue!
LA BARONNE, *bas.*
Faites inviter ce monsieur Georges de Chenevières à venir aujourd'hui à votre petite soirée... à votre bal... sans parler de moi!...
MADAME DE L'ÉTANG.
Vous voulez...
LA BARONNE.
Je vous en prie! (*Madame de l'Étang remonte.*)
DNIEPER, *très-agité, à part.*
Oh!... oh!...
LA BARONNE, *allant à lui et tendrement.*
Qu'avez-vous donc, cher comte?... est-ce que vous êtes malade?
DNIEPER.
Nein! nein! (1) Che trouve que fous connaissez trop de ces petites messieurs.
LA BARONNE, *lui prenant le bras et tendrement.*
Non, jaloux!... des noms en l'air... je n'aime que vous!... mon mari... vous le savez bien!... Ich liebe nur sie.
DNIEPER, *rassuré, s'attendrissant et avec amour.*
Oh oh ! ! ! liebe grafinn meines herzens. (*Ils remontent en causant.*)
MADAME DE L'ÉTANG, *redescendue avec Ernest, à droite.*
Écrivez à monsieur Georges, en mon nom une invitation très-aimable, très-pressante pour ce soir.
ERNEST.
Ah! sapristi! mais la baronne...
MADAME DE L'ÉTANG.
Ne lui parlez pas d'elle. — Croyez-vous qu'il accepte?
ERNEST.
Dame! il porte toujours sur son cœur la lettre et les cheveux de sa bien-aimée!... Mais il doit chercher à s'étourdir... Et puis, si je lui promettais une surprise... toujours de votre part?
MADAME DE L'ÉTANG.
Pour le décider. — Soit.
D'ANCENY, *venant du fond à gauche.*
Chère madame de l'Étang, voilà tout le monde au wisth, en attendant que les voitures soient prêtes, je vous demande la permission d'aller chez moi essayer mon déguisement...
ERNEST, *qui écrit au petit bureau à droite, au fond.*
J'irai en faire autant (*A part.*) Dans cinq minutes il aura la lettre. (*Tout le monde sort sur le chœur, et les portes du fond se referment.*)

REPRISE DE L'ENSEMBLE.

SCÈNE IV.

LA BARONNE, MADAME DE L'ÉTANG, ensuite ANDRÉ.

LA BARONNE, *près de la porte du fond à gauche, à madame de l'Étang, qui va entrer à droite.*
Eh ! bien !... M. Georges de Chenevières ?

MADAME DE L'ÉTANG.
Il viendra.

LA BARONNE, *à part.*
Ce mariage manqué !... Thérèse !

MADAME DE L'ÉTANG.
Qu'avez-vous donc, ma chère, vous paraissez bien préoccupée ?...

LA BARONNE.
Moi ! quelle folie ! adieu ! je vais me mettre à mon piano... c'est-à-dire au vôtre. — Il me rappellera un autre temps.

MADAME DE L'ÉTANG, *d'un ton de reproche.*
Le temps de M. Georges de Chenevières !

LA BARONNE.
Ah ! que dites-vous là ! M. de Chenevières, mais je ne l'ai jamais vu... je ne le connais pas... et je m'étais bien juré de ne jamais le connaître...

MADAME DE L'ÉTANG.
Et cependant vous me le faites inviter..

LA BARONNE.
Oui, parce qu'il faut que je le voie... que je lui parle... il ne saura pas qui je suis... tant que je ne serai pas mariée.

MADAME DE L'ÉTANG.
Il y a donc là un mystère ?

LA BARONNE.
Oui.

MADAME DE L'ÉTANG.
On parlait d'un mariage manqué.

LA BARONNE.
Justement ; je m'y intéressais beaucoup...

MADAME DE L'ÉTANG.
A ce mariage ?

LA BARONNE.
A la mariée, partie le jour même où M. de Chenevières devait l'épouser... je n'avais rien pu savoir depuis... à mon retour, j'ai envoyé aux informations... mais inutilement... qu'est-elle devenue !...

MADAME DE L'ÉTANG.
Une ouvrière... est-ce qu'elle vous était quelque chose ?

LA BARONNE.
Rien... Rien !... mais cette pauvre fille... qui vivait de son travail... J'ai connu sa mère...

MADAME DE L'ÉTANG.
Une mère... qui veillait sur elle.

LA BARONNE.
Non... car séparée de son mari peu de temps après la naissance de ce premier enfant qu'elle ne revit plus, cette malheureuse femme était restée seule au monde, avec une autre enfant, plus jeune d'un an, une seconde fille... née de sa faute... élevée en secret, et à qui elle n'avait pas eu même un nom à donner !

MADAME DE L'ÉTANG.
Pauvre enfant !

LA BARONNE.
Oh ! celle-là était devenue riche par sa beauté... puissante... par son audace... heureuse, si le bonheur s'achète à prix d'or. — Celle-là était comme tant d'autres... la fantaisie d'un jour... le caprice d'un moment. — Le bouquet qui se paie un louis le matin dans sa fraîcheur et qu'on rejette le soir quand il commence à se faner. Celle-là, faut-il le dire ? en se voyant tombée si bas... a plus d'une fois maudit sa mère !...

MADAME DE L'ÉTANG.
Eh ! quoi !...

LA BARONNE.
AIR : *T'en souviens-tu.*

Pardon, mon Dieu, pardon de ce blasphème !
Car de sa faute en vain on se défend.
Ah ! quand j'accuse une autre que moi-même,
Ne punissez que l'orgueil de l'enfant !...
Sur cette voie où gaîment on s'engage,
Trop tard hélas ! on voudrait revenir !
Avec l'honneur, on y perd le courage,
Et le droit de se repentir.

(*Elle essuie ses larmes.*)

MADAME DE L'ÉTANG.
Allons, séchez vos pleurs !...

LA BARONNE.
Et maintenant que vous savez tout... jugez ! si cette sœur aimait sa sœur, si chaste, si pure, — de loin, sans la connaître, sans l'avoir jamais vue, sans oser l'approcher, de peur de la flétrir... de la compromettre !... Si, instruite par hasard de sa demeure, elle s'était introduite un jour chez elle.. presque heureuse de ne pas l'y rencontrer... déposant là secrètement un vœu... une offrande pour ce mariage... dont elle apprend aujourd'hui la rupture !

MADAME DE L'ÉTANG.
Oh ! alors, je comprendrais qu'elle cherchât à faire causer au moins ce M. Georges de Chenevières...

LA BARONNE.
Qui croyait sa fiancée orpheline, sans famille... et qui doit le croire toujours !

MADAME DE L'ÉTANG.
Du moment que vous n'avez que moi dans votre confidence...

LA BARONNE.
Merci ! merci ! (*Reprenant sa gaîté.*) Mais folle que je suis, — je vous attriste et je m'assombris moi-même aujourd'hui. — Ce jour de l'année qui ne doit être qu'un long éclat de rire. — Voyez-vous, chère, c'est comme cela qu'on se fait des rides avant l'âge ! (*Elle se regarde dans la glace à droite.*) — Le rire nous va bien, — rions. — Les pleurs enlaidissent... ne pleurons jamais... C'est comme une blonde qui se mettrait du rose... C'est élémentaire, ça !

MADAME DE L'ÉTANG, *à part.*
Pauvre femme ! j'aimais mieux ses larmes.

ANDRÉ, *entrant du fond à gauche.*
Les calèches sont attelées !...

MADAME DE L'ÉTANG.
Dites qu'on me donne un pelisse, mon chapeau !

LE COMTE, *dans le salon du fond, avec des invités.*
Au piano, la Baronne !

LA BARONNE.
Je vais vous attendre au piano. (*De la porte, à demi-voix.*) Et si M. de Chenevières vient ici...

MADAME DE L'ÉTANG.
Je vous préviendrai.

LE COMTE, *entrant et offrant sa main à la Baronne.*
Ah ! chère Baronne... *Kommen sie zum piano !... walze von Weber.* (*Il l'emmène, la porte du fond reste ouverte.*)

TOUS, *en dehors.*
Ah ! enfin !... au piano !

LA BARONNE.
Je veux bien, puisqu'on ne part pas... mais je ne sais que des vieilleries... (*La Baronne, conduite par le comte, sort par la porte de gauche, au fond ; elle passe derrière la glace sans tain et va s'asseoir au piano, qui est en face de la porte de droite et en vue du public. La Baronne tourne le dos au public. Quelques invités sont groupés autour d'elle. Elle joue la valse de Weber.*)

SCÈNE V.

MADAME DE L'ÉTANG, LISE, ANDRÉ, *dehors*, LA BARONNE, TOUT LE MONDE.

LISE, *par la droite.*
Voici, madame. (*Elle donne un chapeau et un par-dessus à madame de l'Etang.*)

MADAME DE L'ÉTANG.
Bien ! Bien ! M. D'Anceny est-il de retour ?

LISE.
Oui, madame. Ah ! j'oubliais de dire à madame qu'on a apporté son costume de chez mademoiselle Herminie.

MADAME DE L'ÉTANG.
Avez-vous demandé un domino ?...

LISE.
Oui, madame... on va revenir.

MADAME DE L'ÉTANG.
Vous ferez mettre une ceinture et des nœuds bleus.

LISE.
Oui, madame !

(*Madame de l'Etang sort par la droite au fond et va écouter la Baronne qui est au piano.*)

THÉRÈSE OU ANGE ET DIABLE.

MADAME DE L'ETANG.
Au contraire! nous allons nous promener sur les boulevards... en voitures découvertes.

LA BARONNE.
Pour voir les masques qu'il n'y aura pas!... je suis de la partie... vous savez, j'ai ma part dans tous les plaisirs!...

MADAME DE L'ETANG.
Alors, je compte sur vous pour ce soir... à mon petit bal improvisé... (Remontant.) Le costume est de rigueur et le masque est permis... pour s'intriguer ; et puis après le bal, le souper et le champagne !

DNIEPER.
Brafo!... Touchours du champagne ! (*Un domestique apporte, au milieu du salon, une petite table chargée de verres de champagne.*)

LA BARONNE.
Toujours ! on n'en récolte pas le quart de ce qu'on en boit !... Le champagne est comme l'amour !...

AIR : *D'Yelva.*

Champagne! amour! quand votre double ivresse,
Vient nous troubler le cœur et la raison,
Flamme du ciel, liqueur enchanteresse,
Vous nous montres un divin horizon.
Tournez, flacons, tout autour de la table,
Portez à tous votre douce chaleur...
(*Tendant la main à Dnieper.*)
Mais le champagne à l'amour est semblable...
Le premier verre est toujours le meilleur !

DNIEPER, *lui baisant la main avec transport.*
Oh ! *Der Teufel !* (*On enlève la petite table.*)

ROSINE.
Mais, ma tante, il se fait tard et cette promenade !

MADAME DE L'ETANG.
Il nous manque toujours M. Jules D'Anceny ?

LA BARONNE, *vivement.*
Jules D'Anceny ! (*Avec plus de calme.*) Ah ! vous connaissez M. D'Anceny ?

MADAME DE L'ETANG.
Mais oui... c'est un ami de M. de L'Etang, il devait être des nôtres... mais il m'a prévenue ce matin qu'il déjeunait avec des confrères... un déjeuner d'agents de change.

ROSINE.
Qui ne vaut pas le nôtre.

MADAME DE L'ETANG.
Je l'attends avec M. Ernest Bridoux, un de ses amis...

DNIEPER.
Bridoux !... qu'est-cela, Pridoux ?

LA BARONNE.
Je ne connais pas.

ROSINE.
Un jeune homme très-gentil... un peu bête... mais très-gentil...

MADAME DE L'ETANG, *à la baronne.*
Je voudrais le marier à ma nièce, qui est très-gentille aussi.

LA BARONNE.
Oui. (*A part.*) Et un peu bête. (*A Dnieper.*) Entendez-vous avec ces messieurs, cher, pour votre costume de ce soir.

DNIEPER.
Oui !... En Don Juan, en Don Juan *Von Mozart...*

LA BARONNE.
Moi, je prendrai un domino...

MADAME DE L'ETANG.
Je m'en charge. (*A un domestique qui passe avec un plateau.*) Joseph !...

JOSEPH.
Madame !

MADAME DE L'ETANG.
Dites à Lise de demander un domino. (*Le domestique sort.*)

LA BARONNE.
Ah! chère, vous ferez mettre des ceintures et des nœuds bleus... (*A Dnieper.*) couleur de la constance.

ROSINE.
Oh ! je suis curieuse de voir M. le comte dans son beau costume espagnol... en Don Juan !... (*On entoure Dnieper ; pendant que l'on cause avec lui, la Baronne prend vivement madame de l'Etang à part.*)

LA BARONNE, *bas à madame de l'Etang.*
Ma chère, puisque vous connaissez M. D'Anceny, recommandez-lui de ne pas parler du passé.

MADAME DE L'ETANG.
Comment ?

LA BARONNE.
Je serais perdue !...

MADAME DE L'ETANG.
C'était donc ?...

LA BARONNE.
Mon tremblement de terre !... (*Voyant Dnieper s'approcher.*) Silence ! (*Elle lui prend le bras et remonte avec lui vers la cheminée.*)

MADAME DE L'ETANG, *remontant.*
Mes amis, si vous voulez vous occuper en attendant le départ !... des tables de jeu, des cigarettes !... Ces dames le permettent...

LA BARONNE.
Comte, prenez-vous une cigarette ? (*On s'assied, on joue au fond.*)

ANDRÉ, *annonçant.*
M. Jules d'Anceny !...

SCÈNE II.

LES MÊMES, M. D'ANCENY.

D'ANCENY, *à la cantonade et traversant la pièce du fond.*
Non... merci... c'est inutile... j'ai déjeuné... un verre de champagne seulement. (*Il entre par le fond à gauche.*)

LA BARONNE, *l'apercevant dans la glace de droite.*
C'est bien lui !

DNIEPER, *fumant une cigarette.*
Hum !

D'ANCENY, *donnant des poignées de main en entrant.*
Bonjour !... bonjour ! (*Saluant madame de l'Etang.*) Ah ! belle dame !

MADAME DE L'ETANG.
Vous nous avez donc préféré un autre déjeuner.

D'ANCENY.
Ah! je m'y suis bien ennuyé.

LA BARONNE, *bas à madame de l'Etang.*
Dites-lui vite un mot, je vous prie...

ANDRÉ, *apportant à D'Anceny un verre de champagne sur un plateau.*
Voici, monsieur.

MADAME DE L'ETANG.
Mon cher M. D'Anceny, j'ai ici deux hôtes inattendus auxquels il faut que je vous présente.

D'ANCENY.
Qui donc, Madame ?

MADAME DE L'ETANG, *bas.*
Et surtout soyez discret !

D'ANCENY, *reposant le verre sur le plateau.*
Ah ! bah ! mais...

MADAME DE L'ETANG, *à la Baronne.*
Chère belle, M. Jules D'Anceny.

LA BARONNE.
Monsieur !

D'ANCENY.
Madame... (*il la reconnaît.*) Ah ! bah ! (*éclatant de rire.*) Ha ! ha ! ha ! ha !

LA BARONNE, *riant aussi.*
Ha ! ha ! ha ! ha ! (*à part.*) à la bonne heure !

DNIEPER.
Plaît-il ? *Was ?* quoi ?

ANDRÉ, *à part.*
Tiens !... nous sommes gais !.... (*Il sort par la gauche au fond.*)

LA BARONNE, *à M. Dnieper.*
Monsieur est un financier... très-aimable et très-galant... un grand casseur de glaces...

D'ANCENY, *riant.*
Ah ! oui... ah ! oui !... je les casse.

MADAME DE L'ETANG, *bas à D'Anceny.*
De grâce !...

D'ANCENY.
Pardon !... c'est que lorsque madame la baronne est partie pour...

LA BARONNE.
Pour Bade et Hombourg... d'où j'arrive.

D'ANCENY.
Ah !... j'étais amoureux... oh ! mais amoureux comme un sot, d'une belle dame...

LA BARONNE, *à Dnieper qui écoute.*
D'une folle, que j'ai connue.

THÉRÈSE OU ANGE ET DIABLE.

D'ANCENY.
Oui, au fait... madame l'a connue !... Une folle dont je me suis vengé ! (Bas à madame de l'Etang.) Cet original qui est près d'elle ?...

MADAME DE L'ETANG, bas.
Son mari !

D'ANCENY.
Ah ! bah !... ah ! ah ! ah ! ah !

DNIEPER.
Il rit fort, ce monsieur !

MADAME DE L'ETANG, bas.
Monsieur Jules !...

D'ANCENY.
Pardon !... (saluant Dnieper.) Monsieur !

DNIEPER, saluant.
Monsieur !...

LA BARONNE, éloignant Dnieper.
Ah ! comte, votre cigarette me gêne !

D'ANCENY.
Comte... monsieur est comte !... Monsieur !... (Il le salue.)

DNIEPER, saluant.
Monsieur !

MADAME DE L'ETANG, prenant le bras de Dnieper.
Nous avons le quartier des fumeurs.

DNIEPER.
Mille grâces !... (Il sort avec elle par le fond à droite.)

D'ANCENY.
Un comte !... peste ! mon compliment !...

LA BARONNE.
Merci ! vous avez été charmant,..

D'ANCENY.
N'est-ce pas ? quoique vous m'ayez rendu bien malheureux, pendant huit jours !

LA BARONNE.
Tout cela !

D'ANCENY.
Oh ! j'étais furieux ! et voyez quelle chance !... on me dit qu'une dame, arrivant de Londres avec son mari, a pris votre bail et racheté votre mobilier... ce mobilier... que je regrettais tant !...

LA BARONNE.
Moi, je n'ai regretté que mon piano ! (Elle rit.)

D'ANCENY.
Ces coussins, ces tapis moelleux ! (Riant.) tout, excepté les glaces... et pour cause !... ma foi ! je me présente pour en faire mettre d'autres...

LA BARONNE.
C'est juste ! qui casse les verres...

D'ANCENY.
Mais jugez de ma surprise ! je rencontre en M. de l'Etang, un ami, un ancien camarade, qui me fait l'accueil le plus cordial, il m'entraîne dans le monde, au bal, au club, dans les théâtres, et ma foi, le neuvième jour... après votre fugue, j'étais tout à fait consolé, je ne pensais plus à vous, j'étais guéri.

LA BARONNE.
Neuf jours, comme pour une fluxion de poitrine.

AIR : Connaissez-vous le grand Eugène.
Vous ne m'en voulez pas, j'espère.

D'ANCENY.
J'ai vu votre futur.

LA BARONNE.
Eh-bien ?

D'ANCENY.
Je suis vengé !

LA BARONNE.
Méchant !...

D'ANCENY.
Non, au contraire...
D'être méchant j'aurais un bon moyen !...

LA BARONNE.
Non !... pour le mal il faut rendre le bien !...
Pourquoi donc se chercher querelle ?
Chut !... Et chacun de nous y gagnera...
Vous, quelqu'amour qui vous sera fidèle.

D'ANCENY.
Vous... un mari qui, je vois... le sera,

LA BARONNE.
Fidèle !... Oui, Monsieur.
(Apercevant Dnieper qui rentre par la gauche.) Hum !... prenez garde !

D'ANCENY, élevant la voix et se regardant dans la glace de droite.
A quand le mariage, madame la baronne ?

LA BARONNE.
Mais, après quelques formalités... de famille... en mon absence, j'ai perdu ma mère... qui habitait près de Nantes.

D'ANCENY, à part, riant.
Oh !

LA BARONNE.
Et puis, M. le comte de Dnieper cherche un hôtel.

D'ANCENY.
Ah ! M. le comte veut acheter...

DNIEPER.
Un petit hôtel... ya !

LA BARONNE.
Connaîtriez-vous quelque chose qui pût nous convenir ?

D'ANCENY.
Mais oui... peut-être...

DNIEPER.
Ah !... ah !... merci !... merci !...

D'ANCENY.
Par exemple ! je ne vous promets pas de vous le trouver tout meublé ! Diable ! Cela ne se rencontre pas tous les jours !... ha ! ha ! ha ! (Mme. de l'Etang rentre du fond).

LA BARONNE, riant.
Non, non... ha ! ha ! ha !

DNIEPER, riant.
C'est tommage !... ha ! ha ! ha ! (Sérieusement à la Baronne.) Pourquoi il rit ?

LA BARONNE.
Oh ! c'est un tic !

DNIEPER.
Un tic !... Was... Qu'est cela ? (Il cause bas avec la Baronne.)

D'ANCENY, à part.
Ils sont magnifiques !

LE DOMESTIQUE annonçant.
M. Ernest Bridoux !

TOUS, se levant.
Ah !

SCÈNE III.

LES MÊMES, ERNEST.

ERNEST, portant d'énormes bouquets ; et arrivant par le fond à droite.
Me voilà ! me voilà ! fleuri comme une jardinière.

ROSINE, allant à lui.
Enfin ! c'est bien heureux !

D'ANCENY.
Et ! arrivez donc, lambin !... toujours en retard ! je l'ai perdu en route. (Bas à la Baronne.) N'ayez pas peur, je lui parlerai. (Il remonte.)

LA BARONNE à part, cherchant.
Ifein ! Bridoux !... je ne connais pas...

MADAME DE L'ETANG.
Oh ! M. Bridoux a une montre qui retarde régulièrement de vingt-quatre heures par jour !...

ROSINE.
Et, pour un prétendu !...

ERNEST, que les dames entourent, tout en parlant il distribue ses bouquets.
Puisque je viens d'acheter des fleurs pour ces dames !... Et... je vais vous dire, comme je sortais de chez ma fleuriste... v'lan ! qu'est-ce que je rencontre ! Cherchez, D'Anceny.

D'ANCENY.
Ma foi ! non, pour me donner la migraine.

ERNEST.
Je rencontre Georges.

ROSINE, assise à droite avec madame de l'Etang.
Qui ça, Georges ?

D'ANCENY, près de la cheminée, à gauche.
Georges !!? Georges !!?

ERNEST.
Eh ! non !

MADAME DE L'ETANG.
Il a dit non. (On rit.)

ERNEST.
Georges de Chenevières !

LA BARONNE, qui est assise à gauche, vivement.
Georges de Chenevières !

ERNEST, la reconnaissant.
Ah ! sapristi !

SCÈNE IV.

ROUSSILLON, M. DE MONNERAIS, JULES.

M. DE MONNERAIS. C'est vous, Monsieur, qui avez eu l'imprudence de m'écrire le billet que j'ai trouvé dans ma cassette?
ROUSSILLON. C'est moi qui ai eu cette attention délicate.
M. DE MONNERAIS. Savez-vous que je puis vous faire arrêter?
ROUSSILLON. C'est vrai! car vous avez écrit au procureur du roi.
M. DE MONNERAIS. Et vous n'avez pas tremblé?
ROUSSILLON. Si, si, j'ai tremblé, mais pour vous.
JULES. Pour mon père!... drôle!
M. DE MONNERAIS, après un moment de silence. Laissez-nous, Jules. (A part.) Cet homme est plus dangereux que je ne pensais.
JULES. Mais, mon père, vous voulez rester seul avec un pareil misérable?
M. DE MONNERAIS. Je n'ai rien à craindre de lui.
ROUSSILLON. Ni moi rien à craindre de monsieur votre père, vous pouvez être tranquille, jeune homme. (Jules sort.)

SCÈNE V.

ROUSSILLON, M. DE MONNERAIS.

M. DE MONNERAIS. Ah! tu crois donc n'avoir rien à craindre de moi?
ROUSSILLON. Pour le moment, j'en suis sûr; plus tard, je ne dis pas.
M. DE MONNERAIS. Et pourquoi pas maintenant?
ROUSSILLON. C'est que maintenant, voyez-vous, j'ai en ma possession quelque chose qui pourrait bien vous envoyer aux galères, tout baron que vous êtes.
M. DE MONNERAIS. Misérable!
ROUSSILLON. Si votre fils avait été là, je ne vous aurais pas dit ça... j'ai des procédés et des principes... Je sais qu'il ne faut pas humilier les pères devant les enfants; mais nous sommes seuls, j'ai d'autres affaires que la vôtre à terminer, et vous m'avez déjà fait perdre assez de temps. Acceptez-vous ma proposition?
M. DE MONNERAIS. Mais avant de faire un pareil marché, il faut que je sache ce que tu veux me vendre.
ROUSSILLON. Oh! le catalogue n'est pas long... deux chiffons de papier... Primo, une lettre de M. le comte de Monnerais, votre frère qui...
M. DE MONNERAIS, l'interrompant. Bien!
ROUSSILLON. Bien!... Secundo, une déclaration datée du village de Santinoy, et signée de la marquise Laura de Gèvres et du chirurgien qui l'a accouchée, attestant...
M. DE MONNERAIS. Assez, assez.
ROUSSILLON. Ça n'est pas gros, mais c'est superfin, et je ne vous ai pas surfait en vous demandant quinze mille francs.
M. DE MONNERAIS. Tu as dit dix mille.
ROUSSILLON. J'ai dit ça, moi?
M. DE MONNERAIS. Si tu ne l'as pas dit, tu l'as écrit.
ROUSSILLON. C'est possible; mais comme je ne sais pas l'orthographe, j'ai pu me tromper... mais c'est quinze mille que j'ai voulu mettre.
M. DE MONNERAIS. Quinze mille, soit.
ROUSSILLON. En or.
M. DE MONNERAIS. En or?
ROUSSILLON. Oui, et le plus tôt sera le mieux.
M. DE MONNERAIS, après un moment de réflexion. Tu dois bien penser qu'on n'a pas chez soi quinze mille francs en or... Dis-moi l'endroit où sont ces papiers, et je te donnerai un bon sur mon banquier à Lille.
ROUSSILLON. C'est pas ça...
M. DE MONNERAIS. Comment! ce n'est pas ça?
ROUSSILLON. J'ai une autre manière que je préférerais.
M. DE MONNERAIS. Laquelle?
ROUSSILLON. Donnez-moi les quinze mille francs, et je vous dirai où sont les papiers quand j'aurai quitté le pays.
M. DE MONNERAIS. Et tu me crois assez niais pour me fier à toi quand tu auras l'argent?
ROUSSILLON. La confiance ne se commande pas, n'en parlons plus; cherchons autre chose.
M. DE MONNERAIS. Il est bien plus simple de me dire où sont ces papiers, et je t'enverrai ton salaire.
ROUSSILLON. Et vous me croyez assez godiche pour croire...
M. DE MONNERAIS. Misérable! (Ici on voit se déplacer la corde du badigeonneur et celui-ci paraît. Le jour baisse.)
ROUSSILLON. C'est que c'est difficile de s'entendre quand on a une égale confiance l'un dans l'autre.
M. DE MONNERAIS. Il faut pourtant en finir.
ROUSSILLON. Je suis tout aussi pressé que vous.
M. DE MONNERAIS. Quel danger as-tu à courir de ma part, puisque tu as ces papiers?
ROUSSILLON. De votre part, non... mais, entre nous, je ne me soucie pas de flâner longtemps dans les environs.
M. DE MONNERAIS. En effet, j'y pense... C'est toi qui as volé les Lombard.
ROUSSILLON. Bah! on les a volés?... Eh bien! monsieur le baron, ils sont assez mauvaises langues pour avoir été dire à la police que c'était moi, et la police sera peut-être assez bonne enfant pour les croire.
M. DE MONNERAIS, à part. S'ils le faisaient arrêter, je serais perdu.
ROUSSILLON, à part. S'ils m'empoignent je suis flambé!
M. DE MONNERAIS. Allons, voyons, il s'agit de prendre un parti...
ROUSSILLON. Eh bien! tenez, croyez-moi, si nous voulons arriver, partons d'un principe : donnant, donnant.
M. DE MONNERAIS. Soit! où veux-tu que je te retrouve?
ROUSSILLON. Je ne m'en encore arrêté d'appartement, et d'ailleurs je ne voudrais pas vous déranger... (A part.) Et j'ai besoin de repasser par ici.
M. DE MONNERAIS. Mais enfin que veux-tu?
ROUSSILLON. Tenez, je suis bon homme, et je n'y mets pas tant de finesse.
M. DE MONNERAIS. Voyons.
ROUSSILLON. Ce soir, à dix heures, dans le château.
M. DE MONNERAIS. Tu oserais y rentrer?
ROUSSILLON. J'ai bien osé y venir. Mon argent sera prêt?
M. DE MONNERAIS. Et tu apporteras les papiers?
ROUSSILLON. Vous les aurez. (A part.) Quand je les aurai repris.
M. DE MONNERAIS. Soit. Enfin il se livre à moi!
ROUSSILLON, à part. Tant pis pour lui s'il rechigne ou s'il fait le méchant; ce soir il y aura ici quelqu'un qui me le payera plus cher que lui.

SCÈNE VI.

JULES, ROUSSILLON, M. DE MONNERAIS.

JULES. Mon père, la voiture de madame de Gèvres vient d'arriver... La comtesse vous a demandé, on lui a dit que vous étiez ici, elle va venir.
M. DE MONNERAIS. Il ne faut pas qu'elle voie cet homme.
JULES. Voici également la réponse du procureur du roi.
ROUSSILLON. Au fait, c'est vrai, j'avais oublié...
M. DE MONNERAIS. Et puis te le montrer et te le prouver qu'elle ne te concerne pas.
ROUSSILLON. Je vous le conseille, car si vous te faisiez venir pour moi, il pourrait bien être arrivé pour vous.
M. DE MONNERAIS, à Jules. Retiens madame de Gèvres un instant... toi, suis-moi, je vais te conduire par ce passage.
ROUSSILLON. Ne vous dérangez pas, je connais les êtres.
M. DE MONNERAIS. Il faut que je te donne la clef du petit bois pour rentrer au château.
ROUSSILLON, à part. Pas si bête de le quitter, pour rencontrer les Lombard!
M. DE MONNERAIS. Viens, viens, tu n'as pas de temps à perdre.
ROUSSILLON. Je n'ai pas loin à aller. (Ils sortent.)

SCÈNE VII.

JULES, seul un moment; puis MADAME DE GÈVRES, EUGÉNIE et JULIENNE. Un domestique apporte des lumières.

JULES. Il était temps... voici madame de Gèvres. Ah! la cousine de M. Victor l'accompagne.
EUGÉNIE, à Julienne. Pourvu qu'elle ait le courage de faire ce qu'elle vous a promis!
JULIENNE. N'est-elle pas la maîtresse ici?
EUGÉNIE. Oui; mais si vous saviez comme elle craint mon tuteur!
MADAME DE GÈVRES, à Jules. On m'avait dit que je trouverais M. de Monnerais dans ce salon.
JULES. Vous voyez, Madame, qu'on vous a trompée...
MADAME DE GÈVRES. Je vois, Monsieur, qu'il évite ma présence.
JULES. Vous pouvez être assurée que dès qu'il connaîtra votre désir de le voir, il s'empressera de s'y rendre.
MADAME DE GÈVRES. Tu vois, Eugénie, il ne se cache point.
EUGÉNIE. Mais il était ici, et il est sorti.
MADAME DE GÈVRES. Entrez chez lui, Monsieur, et veuillez l'avertir que je l'attends.
JULES. Mon père n'est pas chez lui, Madame.
EUGÉNIE. Il vous trompe, je suis sûre qu'il est avec cet homme.

MADAME DE GÈVRES. Vous dites que M. de Monnerais n'est pas chez lui; c'est ce dont je vais m'assurer.

SCÈNE VIII.

LES MÊMES, M. DE MONNERAIS.

M. DE MONNERAIS, *paraissant à la porte du fond.* C'est inutile, Madame.

MADAME DE GÈVRES, *bas à Eugénie.* Il avait raison, tu vois?

EUGÉNIE. Du courage, ma mère.

M. DE MONNERAIS, *à part.* Maintenant, il faut frapper un coup décisif et en finir de ce côté. Jules, allez tout faire préparer pour notre départ, nous quittons le château ce soir même.

MADAME DE GÈVRES. Vous quittez ce château, Monsieur?

M. DE MONNERAIS. Je n'y puis demeurer plus longtemps en présence des soupçons que vous m'avez montrés, et en compagnie des nouveaux amis dont il vous plaît d'écouter les indignes suggestions; je ne puis non plus laisser ma pupille exposée à des intrigues qui ont pour but de lui enlever sa fortune, et auxquelles votre crédulité, Madame, prête un appui dangereux.

EUGÉNIE. Je vous remercie de votre protection, Monsieur, mais je ne l'accepte pas.

M. DE MONNERAIS. Vous me forcerez donc à vous l'imposer; car j'ai résolu que dès ce soir vous quitteriez le château avec moi.

EUGÉNIE. Me séparer de ma mère!

MADAME DE GÈVRES. M'enlever Eugénie!... Ah! Monsieur, jamais... jamais... vous ne l'oseriez pas!... vous ne seriez pas si cruel.

M. DE MONNERAIS. J'avais prévu cette résistance, et j'ai déjà prévenu les magistrats, afin d'obtenir d'eux l'appui nécessaire au maintien de mes droits de tuteur : j'ai une lettre du procureur du roi.

MADAME DE GÈVRES. Quoi! Monsieur, dans ma maison, une violence!

M. DE MONNERAIS. Un acte légal, Madame.

MADAME DE GÈVRES. Et vous auriez recours à un pareil éclat!

M. DE MONNERAIS. Je puis encore vous l'épargner, si vous voulez me permettre d'avoir avec ma pupille un entretien où la persuadera, j'en suis sûr, de la nécessité d'écouter mon avis. De cette façon, Madame, je ne vous enlèverai pas votre petite-fille.

EUGÉNIE. O ma mère! vous ne le permettrez pas!

MADAME DE GÈVRES. Il en a le droit, mon enfant, et alors je resterai seule... toute seule...

EUGÉNIE. Mais, ma mère...

MADAME DE GÈVRES. Il faut d'abord l'écouter... c'est ton devoir; je ne te demande pas de te sacrifier... mais songe à ta pauvre vieille grand'mère... Sois soumise; je te laisse un moment avec lui; je vais venir te reprendre.

EUGÉNIE, *à Julienne.* Ce que je craignais est arrivé; sa volonté n'a duré qu'un moment, et l'ascendant de mon tuteur l'a emporté facilement.

JULIENNE. Mais vous...

EUGÉNIE. Oh! moi!... je résisterai... je vous jure... n'eussé-je que moi pour me protéger.

JULIENNE, *à part.* Oh! oui, elle l'aime bien.

MADAME DE GÈVRES. Reste, mon enfant... songe que si tu devais partir, je n'aurais plus qu'à mourir.

EUGÉNIE, *à Julienne.* Je vous en prie, ne la quittez pas.

SCÈNE IX.

EUGÉNIE, M. DE MONNERAIS.

M. DE MONNERAIS. Eugénie, c'est parce que je sais que vous avez plus de volonté et de raison qu'on en a ordinairement à votre âge, que j'ai voulu vous parler seule.

EUGÉNIE. Je vous écoute, Monsieur.

M. DE MONNERAIS. Vous avez été trop souvent témoin des scènes violentes qui avaient lieu entre moi et votre père pour ne pas comprendre qu'il y avait dans ces obligations envers moi un mystère qui devait toucher à sa fortune et à son honneur...

EUGÉNIE. Monsieur, je respecte sa mémoire, et je ne permettrai à personne, pas même à vous, de l'insulter devant moi.

M. DE MONNERAIS. C'est parce que je pense que vous voulez que tout le monde le respecte, que j'espère que vous ne voudriez pas la voir déshonorer publiquement.

EUGÉNIE. Si vous aviez ce pouvoir, ce que je ne crois pas, vous n'oublieriez pas que son nom est le vôtre, et que vous seriez le premier à subir la flétrissure que vous lui jetteriez. Que Dieu me pardonne ce que je vais vous dire; mais je suis sûre que si mon père a quelque faute à se reprocher, il n'a d'autre complice que vous, et vous êtes trop prudent pour porter une accusation dont vous prendriez la moitié.

M. DE MONNERAIS. Vous oubliez que vous parlez à votre tuteur..

EUGÉNIE. Vous oubliez, Monsieur, que c'est de mon père que vous parlez.

M. DE MONNERAIS. Eugénie!...

EUGÉNIE. Vous êtes le maître d'agir maintenant...

M. DE MONNERAIS. Mais si je n'en étais plus le maître?...

EUGÉNIE. Que voulez-vous dire?...

M. DE MONNERAIS. Si votre honneur, votre fortune, dépendaient de ces misérables qu'encouragent la crédulité de votre mère et votre folle inexpérience?

EUGÉNIE. Mais enfin, Monsieur, ces papiers dont on vous offrait de vendre la restitution dix mille francs et que vous paraissiez si ardent à reprendre?

M. DE MONNERAIS. Ils sont les preuves du crime de votre père, soustraites par eux avec cette cassette et ces diamants que je n'ai pas voulu reconnaître par pitié pour un homme qui vous avait sauvé la vie.

EUGÉNIE. Non, Monsieur, ils sont la preuve de l'existence de l'héritier du marquis de Gèvres.

M. DE MONNERAIS. L'héritier du marquis de Gèvres a disparu, et vous savez aussi bien que moi à qui la disparition a pu profiter.

EUGÉNIE. Quoi! vous osez accuser mon père?

M. DE MONNERAIS. Ne m'en demandez pas davantage, ne me forcez pas à dire ce que votre cœur aurait horreur d'entendre.

EUGÉNIE. Mais si cet héritier existe, et si véritablement c'est un de ces jeunes gens?

M. DE MONNERAIS. Quoi! Eugénie, vous aussi?... que madame de Gèvres, dont l'âge peut excuser la crédulité, croie à cette fable; mais vous? il faut que la passion vous aveugle bien pour n'avoir pas déjà deviné le secret de cette intrigue. Mais pensez-vous que des hommes, dont l'un est assez adroit pour se faire passer pour un homme du monde, n'aient pas compris tout le parti qu'ils pouvaient tirer de la possession de ces papiers? et leurs prétentions ne se sont-elles pas déjà montrées?

EUGÉNIE. Quoi! vous osez penser...

M. DE MONNERAIS. Malheureusement pour eux, ces papiers sont restés dans les mains de leur complice... qu'ils ont voulu perdre pour agir plus sûrement en l'accusant d'un vol d'argent qui n'a pas été commis.

EUGÉNIE. Mais tant de duplicité est impossible!...

M. DE MONNERAIS. Et ce qu'il faut que vous sachiez aussi, c'est que, cette preuve, je ne la possède pas encore, et que leur complice ne doit me la livrer que ce soir, et que si d'ici là ils parviennent à s'en ressaisir, vous ne pourrez savoir à quel prix ils vous la vendront.

EUGÉNIE. Mais c'est affreux!

M. DE MONNERAIS. Et jugez de ce qui peut arriver si, dans ce honteux trafic d'accusations, ces preuves tombaient dans les mains de l'autorité, car alors personne ne pourrait arrêter le cours de la justice... l'honneur de votre père serait flétri...

EUGÉNIE. Flétri!... l'honneur de mon père!...

M. DE MONNERAIS. Vous n'en doutez pas, vos souvenirs vous l'assurent... ses craintes vous épouvantent encore.

EUGÉNIE. Oh! Monsieur, Monsieur!

M. DE MONNERAIS. D'une autre part, M. Victor sera arrêté et condamné.

EUGÉNIE. Lui aussi!!!

M. DE MONNERAIS. Eh bien! tout peut se réparer... Que ces misérables renoncent à la possession de ces papiers, et dans une heure je les obtiens de leur complice. Qu'ils cessent leur poursuite, et je préviens la plainte portée contre eux; mais à tout cela, il y a une condition, c'est que votre contrat sera signé ce soir même, et que votre mariage sera célébré dans quinze jours. Maintenant, réfléchissez, il y va de l'honneur de votre père... du vôtre... il y va du salut de celui à qui vous avez accordé une préférence insensée: c'est à vous de prononcer.

EUGÉNIE. Ah! malheureux,... malheureux!...

M. DE MONNERAIS. Eh bien! Eugénie, le temps presse, un moment de retard peut tout perdre.

EUGÉNIE. O mon père, votre mémoire ne sera pas flétrie; j'obéirai, Monsieur, j'obéirai.

M. DE MONNERAIS. Dites-le donc à votre mère, qui revient près de vous; et faites en sorte que je n'aie pas à me montrer plus sévère que je ne veux l'être...

SCÈNE X.

EUGÉNIE, *seule.* Il me trompe! je le sens... mais ma tête s'égare dans cet affreux dédale de crimes et de perfidies... Mais qu'importe, puisque c'est moi seule qui en serai la victime?

SCÈNE XI.

EUGÉNIE, MADAME DE GÈVRES, JULIENNE.

MADAME DE GÈVRES. Eh bien! Eugénie?
JULIENNE. Eh bien! Mademoiselle?
EUGÉNIE. Il faut obéir, ma mère... il faut céder.
MADAME DE GÈVRES. Que veux-tu dire?
JULIENNE. Et Victor?
EUGÉNIE. Tout cela est un crime... une intrigue odieuse!
MADAME DE GÈVRES. Serait-il possible!
JULIENNE. Mademoiselle...
EUGÉNIE. Oh! je ne le dis pas, moi... mais mon tuteur... enfin... j'épouserai M. Jules... et vous, dites à votre oncle, à ses fils, de cesser une poursuite inutile et coupable.
JULIENNE. Coupable! dites-vous? Ah! j'en ai assez entendu.

SCÈNE XII.

VICTOR, LOMBARD, MADAME DE GÈVRES, EUGÉNIE, JULIENNE.

LOMBARD. On n'a pas vu Roussillon à l'auberge du Vieux-Cerf.
VICTOR. Ni à la Tête-Noire... Je ne sais que penser... Mais où est Auguste?
JULIENNE, *courant vers eux.* Ah! mon oncle... Victor, tout cela est inutile... quittons cette maison ; allons-nous-en ; vous n'avez plus ici que des ennemis.
LOMBARD, VICTOR. Des ennemis?
EUGÉNIE. Oh! non... mais il faut renoncer à vos projets.
LOMBARD. Renoncer à nos projets!
JULIENNE. On vous soupçonne maintenant.
EUGÉNIE. Cet homme qui a écrit à mon tuteur... votre complice veut vous dénoncer.
LOMBARD. Notre complice!
EUGÉNIE. Et vous, Victor, fuyez! fuyez!...
VICTOR. Fuir!
LOMBARD. Restons, alors.
VICTOR. Quoi! vous aussi, Eugénie!
JULIENNE. Oui... elle, qui se disait si forte contre son tuteur ; elle que vous disiez vous aimer!...
EUGÉNIE. Oh! ne m'accusez pas et plaignez-moi... vous êtes innocents, je le crois ; mais si vous saviez... (A Victor.) Victor, je vous l'ai dit ; il s'agit de l'honneur de mon père...
VICTOR. De l'honneur de votre père!... mais nous saurons le défendre.
EUGÉNIE. Il n'y a qu'un moyen de le sauver, et j'ai promis...
VICTOR. Vous avez promis?
EUGÉNIE. J'ai promis d'épouser M. Jules.
VICTOR. Vous avez promis de l'épouser... Ah! alors... venez, venez, mon père ; je ne veux pas que le déshonneur d'un autre soit le marchepied de notre fortune ; je renonce à un avenir d'où le bonheur s'est enfui.
LOMBARD. Mais ce n'est pas tout pour moi!... j'ai dit la vérité ; tant pis pour ceux qu'elle peut compromettre!
VICTOR. Mon père, je porte votre nom, et je n'en veux plus d'autre... venez, venez.

SCÈNE XIII.

LES MÊMES, AUGUSTE, *sautant de la fenêtre dans la chambre, en blouse.*

AUGUSTE. Chut! si tu y renonces, j'en veux, moi!
TOUS. Qu'est-ce que c'est que ça?
AUGUSTE. Moi...
VICTOR. Auguste...
LOMBARD. Dans cet état...
AUGUSTE. Oui, je vous avais promis de ne pas les quitter ; mais quand je les ai vus entrer dans l'allée du château, j'ai compris que je n'y serais pas facilement admis... je ne savais plus que faire ; mais le bon Dieu n'est pas bon Dieu pour rien... voilà que je vois passer Lorrain, le badigeonneur... Tiens! lui dis-je, voilà dix francs, et je fais ta journée ; donne-moi ta blouse, ta culotte, ton bonnet ; il accepte ; j'entre, et voilà trois heures que je badigeonne.
LOMBARD. Mais pourquoi?
AUGUSTE. Pour mieux entendre... quand on badigeonne, on peut grimper sur un balcon... si la fenêtre est ouverte, on peut y passer le bout de l'oreille, on écoute, on entend...
LOMBARD. Mais qu'as-tu entendu?
AUGUSTE. J'en ai assez entendu pour mon plan... (Il écoute.) Voici M. de Monnerais, Roussillon va venir, cachez-vous, bon courage, Victor... je tiens le renard dans son terrier ; va faire sentinelle en bas.
EUGÉNIE. Oh! dites-lui qu'il y va de l'honneur de mon père.

AUGUSTE. Si ce n'était pas ça, je ne descendrais pas à l'ignoble comédie que je vais jouer.
LOMBARD. Quel est ton projet?
AUGUSTE. Je n'ai pas le temps de vous l'expliquer, allez!...
VICTOR. Et toi? (Ils sortent tous par la porte de gauche.)
AUGUSTE, *à lui-même.* Moi, j'ai mon affaire ici... j'ai besoin d'y voir de près. (Auguste ressort par la fenêtre et s'attache à la corde.)

SCÈNE XIV.

AUGUSTE, M. DE MONNERAIS, JULES.

M. DE MONNERAIS. Une heure encore avant que cet homme n'arrive, la nuit sera tout à fait close, et il pourra entrer dans le château sans qu'on l'aperçoive. Fermez toutes les portes... retirez les clefs. (Jules ferme ; il va à une porte d'angle.) Pas celle-ci, c'est par là que cet homme doit arriver pour entrer dans mon cabinet.
JULES. Vous lui avez donc donné la clef du petit parc?
M. DE MONNERAIS. Oui. Et maintenant suivez-moi. Vous oubliez cette fenêtre...
JULES. Cet homme ne fera que passer dans ce salon pour venir dans votre cabinet, et il est inutile...
M. DE MONNERAIS, *sortant avec son fils.* N'importe, fermez-la... Je n'ai rien oublié?
AUGUSTE, *passant la tête par un carreau.* Tu as oublié le vasistas. (Il passe son bras, tourne l'espagnolette et entre.) Et maintenant, à nous deux, maître Roussillon! Il n'a pas quitté le château, et alors, on il a un papier sur lui, ou il l'a caché quelque part. Il insistait trop pour y revenir ; il est trop fin pour s'être remis dans la gueule du loup sans nécessité. Diable! ils ont emporté les clefs... c'est égal! (Il écoute.) On vient... ce doit être lui. A mon poste, et ne le perdons pas de vue! (Il reprend sa place.)

SCÈNE XV.

AUGUSTE, *en dehors,* **ROUSSILLON.**

ROUSSILLON. J'arrive de bonne heure, mais je n'ai pas de temps à perdre.
AUGUSTE. C'est bien lui.
ROUSSILLON. Reprenons d'abord mon affaire.
AUGUSTE. Il ne faut pas qu'il m'échappe... (Il saute dans la chambre.)
ROUSSILLON. Qu'est-ce que c'est que ça?
AUGUSTE. Tu ne me reconnais pas?...
ROUSSILLON. Auguste! (Il veut le prendre à la gorge.) Ah! tant pis pour toi!
AUGUSTE. A bas les mains, et écoute-moi! (Il renverse Roussillon.)
ROUSSILLON. Eh bien! qu'est-ce qu'il y a?... qu'est-ce que tu veux?
AUGUSTE. Il y a que je suis poursuivi comme ayant volé les diamants que tu m'as vendus.
ROUSSILLON. Tiens! cette idée-là de la justice!
AUGUSTE. Ce que je veux?.. C'est que tu as une bonne affaire, et que j'en veux la moitié.
ROUSSILLON. La moitié?
AUGUSTE. Allons, voyons... tu as grincé l'argent de mon père... tu viens ici vendre des papiers au baron... je veux la moitié du marché, sinon...
ROUSSILLON. Sinon...
AUGUSTE. Sinon j'appelle, je te fais arrêter, et tu verras ce qui te restera de tes quinze mille francs.
ROUSSILLON. Mille tonnerres!... Et d'où sais-tu tout ça?
AUGUSTE. Regarde le costume ; j'ai tout vu, tout entendu.
ROUSSILLON. Ah çà! voyons, entendons-nous. Aussi, est-ce que, par hasard...
AUGUSTE. Eh bien! oui, c'est dur de voir regarder dans ses affaires pour ce qu'on n'a pas fait... mais enfin c'est comme ça... je comprends bien que ce n'est pas avec ma paye que je faisais si souvent la noce. Or, j'ai demandé du crédit à plus d'une bonne maison, et ça, en sous-main.
ROUSSILLON. Bah! je m'en suis quelquefois douté, mais tu n'as pas eu de confiance.
AUGUSTE. Autant que toi. Toujours est-il que je commence, et toujours est-il qu'il faut que je m'esbigne, et rapidement. C'est toi qui m'as compromis, et c'est à toi à me tirer d'affaire.
ROUSSILLON. Et tu veux la moitié?
AUGUSTE. Oui, la moitié de ce que tu vas demander ; car je te préviens d'une chose, c'est que tu es floué, mon cher.
ROUSSILLON. Comment, floué?
AUGUSTE. Eh! oui, floué... et je peux te faire faire un bien meilleur marché, moi!

ROUSSILLON. Comment ça?
AUGUSTE. Tu vas vendre à monsieur de Monnerais un papier qui dit que la marquise de Gèvres est accouchée au village de Santhoy d'un garçon.
ROUSSILLON. Oui; mais qui t'a dit?...
AUGUSTE. J'en sais bien d'autres... tu t'imagines, toi, que monsieur de Monnerais ne veut avoir ce papier que pour sauver son honneur?
ROUSSILLON. Il y a assez de quoi le compromettre; car ce papier dit que monsieur de Monnerais a abandonné la pauvre femme, et qu'elle a fait cette déclaration entre les mains du chirurgien, pour qu'on puisse reconnaître cet enfant.
AUGUSTE. Et cet enfant?...
ROUSSILLON. Il doit être mort. Quand le baron, poursuivi par les Prussiens, est retourné du côté de la cabane, et qu'il a trouvé sur le seuil le chirurgien qui venait d'être tué et qui tenait encore ce papier à la main, comme je l'ai lu dans la lettre de son frère, il aura expédié le petit.
AUGUSTE. Erreur!.. le petit existe.
ROUSSILLON. Bah!
AUGUSTE. Et je le connais.
ROUSSILLON. Toi?
AUGUSTE. Et penses-tu que si tu allais lui vendre un papier qui lui rendrait le titre de marquis de Gèvres et une immense fortune, il ne te payerait pas ça trente mille, quarante mille francs?
ROUSSILLON. C'est possible; mais le marché est fait, et je n'ai pas le temps de recommencer.
AUGUSTE. Il ne faut pour ça qu'une minute; madame de Gèvres est en bas... tu as ces papiers sur toi?
ROUSSILLON. Eh! non.
AUGUSTE. Comment?
ROUSSILLON. C'est-à-dire, oui, je les ai.
AUGUSTE, à part. Il ne les a pas.
ROUSSILLON. Et maintenant que je suis ici, je ne suis pas le maître.
AUGUSTE. Allons donc! tu n'as pas plus de ressource que ça? c'est pourtant bien simple; tu me remets ce papier, je reprends mon poste en dehors, et je ne le lâche que lorsque tu as tes trente mille francs.
ROUSSILLON. C'est-à-dire que tu files tes nœuds, et que tu vas le vendre à madame de Gèvres. J'aime mieux te donner la moitié des quinze mille francs. Reprends ta place et laisse-moi seul.
AUGUSTE, à part. Il veut me faire sortir : ils sont cachés ici, (Haut.) Eh bien! alors, je veux tout ou rien... j'ai mis dans ma tête d'avoir quinze mille francs; je les aurai.
ROUSSILLON. Et bien! alors, il n'y aura rien ni pour moi ni pour toi, et quand je devrais déchirer ce papier... (Il fait semblant de chercher dans ses poches.)
AUGUSTE. Déchire donc! je t'en défie!
ROUSSILLON. Tu m'en défies?... Oh! si je te tenais quelque part...
AUGUSTE, se posant. Tâche de me prendre.
ROUSSILLON. Ah! tu m'as perdu... voici M. de Monnerais.
AUGUSTE. M. de Monnerais!.. où me cacher? (Il va vers la cheminée.)
ROUSSILLON. Pas par là!
AUGUSTE, à part. J'en étais sûr; c'est là qu'il a mis les papiers.
ROUSSILLON. Allons, file.
AUGUSTE. Attends, qu'on ne voie pas. (Il souffle la bougie.)
ROUSSILLON. Y es-tu?
AUGUSTE ouvre la fenêtre. Oui! (Aussitôt il se jette à quatre pattes, et se glisse vers la cheminée. Roussillon ferme la fenêtre.)

SCÈNE XVI.

AUGUSTE, M. DE MONNERAIS, ROUSSILLON.

M. DE MONNERAIS. Qui est là?
ROUSSILLON. Moi!
M. DE MONNERAIS. Eh bien! hâtons-nous; je vais te chercher ton argent. (Il ressort.) Maintenant, je suis sauvé!
ROUSSILLON. Prenons mes papiers. Je tiens donc mes quinze mille francs et pour ce qui reviendra à Auguste... (Il va à la cheminée et il en fouille l'intérieur d'Auguste.) Ah! gredin!...
AUGUSTE, bas. Pas un seul mot, ou j'avale le trésor.
M. DE MONNERAIS, entrant. Roussillon.
ROUSSILLON, bas à Auguste. Va donc pour les trente mille francs.
M. DE MONNERAIS, entrant avec une bougie. Eh bien! où sont ces papiers?
ROUSSILLON! Où est mon argent d'abord?
M. DE MONNERAIS. Mon argent?... As-tu pensé un moment que je souscrirais à cet infâme marché?

ROUSSILLON. Qu'est-ce que ça veut dire?
M. DE MONNERAIS. Que si tu ne me rends pas ces papiers, je te fais sauter la cervelle!
AUGUSTE, accroupi derrière la table, bas. Tu vois... tu vois...
ROUSSILLON. Me faire sauter la cervelle! mais c'est un assassinat!
M. DE MONNERAIS. Tu t'es introduit ici comme un voleur!... je te surprends! et c'est en me défendant que j'aurai frappé... je ne crains plus rien!... Allons, vite, obéis.
ROUSSILLON, bas à Auguste. File à la fenêtre. (Haut.) C'est comme ça?... Eh bien! ces papiers, je ne les ai pas.
M. DE MONNERAIS. Tu ne les as pas?
ROUSSILLON, allant de l'autre côté de la scène. Retournez mes poches... cherchez bien... ils n'y sont pas. Ah! je me doutais de ce que vous vouliez faire, monsieur le baron; entre gens du même métier, on est prudent.
M. DE MONNERAIS. Quoi! tu n'as pas ces papiers?
AUGUSTE. Non : car les voici.
M. DE MONNERAIS. Misérable!
AUGUSTE, ouvrant la fenêtre. Pas un geste, pas un pas.
M. DE MONNERAIS. Oh! j'aurai ta vie, du moins!
AUGUSTE. Et moi, je jette ce papier à mon frère, à madame de Gèvres, à tous ceux qui l'attendent en bas.
M. DE MONNERAIS. O rage!
AUGUSTE. C'est dur, mais c'est comme ça.. Maintenant, soyez prudent; tout s'arrangera en famille, sans que personne se doute de rien.
ROUSSILLON. Nous sommes volés tous les deux.
M. DE MONNERAIS. Jamais. Jamais!...
AUGUSTE. En ce cas, à la garde de Dieu!
M. DE MONNERAIS. Arrêtez!
VOIX, au dehors. Auguste, est-ce toi? ouvre-nous.
AUGUSTE. Décidez!... décidez-vous... et comme je ne peux pas tout faire... Allons! soyez aimable... allez ouvrir la porte, à madame de Gèvres, à mon frère qui s'ennuient d'attendre.
M. DE MONNERAIS. Oh! je me vengerai!
AUGUSTE, à Roussillon. Et toi, file dans la bagarre, et va te faire pendre ailleurs.
ROUSSILLON ôte la bougie des chandeliers d'argent, la met dans le goulot de la bouteille, et emporte le chandelier en disant : Pour voir si l'on ne m'a pas dérobé l'argent des Lombard.

SCÈNE XVII.

TOUS, moins ROUSSILLON.

MADAME DE GÈVRES. Eh bien! cette preuve, ces papiers...
AUGUSTE. Les voilà.
MADAME DE GÈVRES. Ah! donnez... donnez...
LOMBARD. Arrêtez un moment encore, Madame!
MADAME DE GÈVRES. Mais pourquoi?
LOMBARD. Pardon, Madame... Vous allez retrouver un fils, et moi, je vais en perdre un.
VICTOR ET AUGUSTE. Jamais! jamais!
LOMBARD. Oui, je crois que vous m'aimerez encore... Mais avant ce moment si doux pour vous, si cruel pour moi, Madame, il faut que tous deux rendent témoignage à votre noble famille que je ne leur ai jamais appris que la probité, la fidélité à sa parole, le dévouement au malheur, le respect pour la vieillesse et les devoirs les plus rigoureux de l'honneur.
JULIENNE. Ah! oui, c'est vrai!
LOMBARD. Et permettez-moi, Madame, puisque je puis encore leur parler comme à mes fils, de leur dire que, dans la haute position qui attend l'un d'eux, ces vertus sont encore celles qui honorent le plus celui qui les possède, et que ce qui fait l'honnête homme du peuple fait aussi le noble gentilhomme.
MADAME DE GÈVRES. Vous avez raison, Monsieur, et je vous remercie de ces dignes sentiments.
LOMBARD. Et maintenant... (Il leur tend les bras.) mes enfants... (Il les embrasse.) soyez forts tous deux. Achevez, Madame.
MADAME DE GÈVRES. O mon Dieu! quel est mon fils?
JULIENNE ET EUGÉNIE. Ce doit être Victor!
MADAME DE GÈVRES, ouvrant le papier. Oh! c'est bien l'écriture de l'infortunée Laura, quoique altérée par la souffrance. O mon Dieu! mon Dieu!
VICTOR. La force me manque.
AUGUSTE. Ah! je tremble aussi!
MADAME DE GÈVRES, lisant. « Prête à comparaître devant Dieu, abandonnée dans une cabane où règne la mort... » Pauvre Laura!
EUGÉNIE. Continuez!
MADAME DE GÈVRES. « Comprenant que l'abandon de M. de Monnerais est un acte calculé pour faire disparaître l'enfant que je viens de mettre au monde, assisté du chirurgien qui

m'a secourue, et que son devoir force à me quitter, je lui ai confié ce papier, où je déclare que l'enfant qui est né de moi...
TOUS. Eh bien!
MADAME DE GÈVRES. « Est celui qui porte une incision cruciale...
TOUS. Achevez!
MADAME DE GÈVRES. Je ne puis.
M. DE MONNERAIS, d'une voix forte. « Est celui qui porte une incision cruciale au bras gauche! »
TOUS. Au bras gauche!
AUGUSTE. C'est moi!
TOUS. Lui! Auguste!
VICTOR, à part. Je suis perdu!
EUGÉNIE, à part. Plus d'espoir!
AUGUSTE. Ça n'a pas l'air d'enchanter personne!
M. DE MONNERAIS. Je vous félicite, Madame, du fils que vous venez de retrouver et de l'illustration qu'il promet à votre nom.
AUGUSTE. Faudra voir, Monsieur... faudra voir.

ACTE CINQUIÈME.

Le salon du second acte.

SCÈNE PREMIÈRE.

MADAME DE GÈVRES, AUGUSTE.

MADAME DE GÈVRES. Vous me comprenez bien, n'est-ce pas, mon fils?
AUGUSTE. Oui, ma mère... je suis tout oreilles.
MADAME DE GÈVRES. Vous devez avant toutes choses penser à la grandeur du nom que vous portez, vous souvenir que vous êtes le chef d'une famille dont il faut maintenir la dignité; et pour cela il est nécessaire de rompre les habitudes qui ne feraient que la compromettre.
AUGUSTE. Quoi, ma mère! vous voulez que j'oublie la reconnaissance que je dois à la famille qui m'a recueilli?
MADAME DE GÈVRES. Cette pensée est loin de moi, mon fils; mais cette reconnaissance, si grande qu'elle soit, doit avoir ses règles... Vous savez les sentiments de M. Victor pour Eugénie : vous devez comprendre que jamais ils ne peuvent avoir d'espérance.
AUGUSTE, d'un ton dégagé et ironique. C'est vrai, ma mère; il ne serait pas convenable que la fille du comte de Monnerais pût penser au fils du menuisier Lombard.
MADAME DE GÈVRES. Surtout, si, comme vous ne l'avez pas oublié, c'est à vous que la destine... Votre existence, mon fils, lui enlève toute la fortune qu'elle ne possédait qu'en l'absence d'un héritier direct du marquis de Gèvres. Vous comprenez donc que votre mariage avec Eugénie est le seul moyen de lui rendre cette fortune qu'elle a cru longtemps être la sienne; d'ailleurs, je mets tout mon bonheur dans l'accomplissement de cette union, et je suis sûre qu'Eugénie y trouvera le sien.
AUGUSTE, à part. Ça ne m'est pas prouvé. (Haut.) Tout cela me paraît fort juste, et je vous prie de croire que je ne ferai pas honte au nom de Gèvres, et que personne n'aura de reproches à me faire de la façon dont j'entends la noblesse.
MADAME DE GÈVRES. Toutes ces raisons doivent vous faire sentir que la présence de M. Victor dans ce château...
AUGUSTE, sérieusement. Que voulez-vous dire?
MADAME DE GÈVRES, ironiquement. Il est amoureux d'Eugénie!
AUGUSTE, ironiquement. Oui, c'est vrai.
MADAME DE GÈVRES. Il serait donc peu convenant et peut-être dangereux pour son repos et nos projets...
AUGUSTE, de même. Qu'il vint ici tous les jours lui faire la cour. Nous y mettrons ordre... (Se levant.) Je le prierai de nous dispenser de ses visites.
MADAME DE GÈVRES. Il y faut mettre des ménagements, des précautions que le monde où vous allez entrer vous apprendra aussi.
AUGUSTE. Laissez faire, laissez faire; je les mettrai très-poliment à la porte. (À part.) Faudra voir, faudra voir.
MADAME DE GÈVRES. Quant à M. de Monnerais...
AUGUSTE. Ah! celui-là... il a voulu me chasser, et je vais prendre ma revanche.
MADAME DE GÈVRES. Non, mon fils; quels que soient ses torts envers vous, n'oubliez pas qu'il est de notre famille, qu'il porte le nom de Monnerais, et qu'en définitive il est le tuteur d'Eugénie.

AUGUSTE, du même ton d'ironie. Très-bien, très-bien! M. de Monnerais est un homme à craindre, et par conséquent à ménager... je lui parlerai avec douceur... avec circonspection... d'ailleurs, j'ai besoin de lui.
MADAME DE GÈVRES, à part. Il est plus docile que je ne pensais.
AUGUSTE, à part. Je vais faire un joli métier... mais tout ce que je pourrais lui dire ne l'amènerait pas à ce que je veux obtenir d'elle; ayons l'air de lui obéir. Quant à mon père et à Victor, ils me connaissent, ils ne se tromperont pas sur mes intentions.
MADAME DE GÈVRES. Voici M. Lombard avec son fils et sa nièce.
AUGUSTE, à part. Reprenons mon rôle. (Haut.) Je vais leur dire leur affaire.
MADAME DE GÈVRES, à part. Il va faire quelque gaucherie, quelque imprudence!.. (Haut.) Vous allez me suivre : je crois que le parti que j'ai à vous proposer sera moins cruel pour eux et pour vous.
AUGUSTE. Comme il vous plaira; je m'abandonne à vos conseils.

SCÈNE II.

MADAME DE GÈVRES, AUGUSTE, LOMBARD, VICTOR, JULIENNE.

LOMBARD. Eh! bonjour, toi; voilà une heure que nous te cherchons dans le château.
MADAME DE GÈVRES, bas. Vous sentez que ce ton de familiarité...
AUGUSTE. Sans doute. (À Lombard.) Monsieur, j'étais avec ma grand'mère...
VICTOR ET JULIENNE. Monsieur!..
LOMBARD. Qu'est-ce que ça veut dire?
VICTOR. Ah çà, Auguste...
AUGUSTE. J'ai aussi à vous parler.
VICTOR. Eh bien! parle.
MADAME DE GÈVRES. Plus tard... j'ai encore beaucoup de choses à dire au marquis de Gèvres, et vous nous permettrez d'aller achever ailleurs cet entretien; dans quelques minutes, je vous le rendrai.
AUGUSTE. Oui, Messieurs, je reviens dans un instant. (Ils sortent.)

SCÈNE III.

JULIENNE, LOMBARD, VICTOR.

LOMBARD. Ah çà!.. est-ce que je rêve?
VICTOR. C'est Auguste qui vient de nous parler ainsi!
JULIENNE. Il ne m'a pas seulement regardée.
LOMBARD. Est-ce que déjà la noblesse et la fortune lui ont porté à la tête?
VICTOR. Je n'ose le croire.
LOMBARD. Auguste qui m'appelle Monsieur... Auguste qui semble rougir de te tutoyer.
JULIENNE. Non, c'est impossible! vous savez comme il est bon, loyal... c'est quelque idée....
VICTOR. Julienne a raison, il ne peut être changé à ce point.
LOMBARD. Ah! c'est que vous ne savez pas, vous autres enfants, ce que c'est que la richesse et le pouvoir... j'en ai tant vu, moi, commencer humbles et petits; grandir rampants et flatteurs, et, une fois arrivés, se retourner et cracher à la face de ceux qui les avaient poussés... que je tremble qu'il ne soit comme tant d'autres! Mais j'avoue que je n'en aurais jamais vu de cette force-là...
JULIENNE. Tout cela est une plaisanterie. Je vous réponds d'Auguste.
VICTOR. Oui, je suis sûr de son cœur.
LOMBARD. Vous avez raison, je suis fou... je connais Auguste... je l'ai élevé... c'est mon enfant, après tout... je l'accuse à tort... il nous aimait autrefois, il t'aimait, Julienne, je le sais, et quand je lui aurai dit nos projets de bonheur, nos rêves d'avenir, il se mettra de moitié avec nous, il nous aidera.
VICTOR. Ah! mon père, c'est un espoir insensé.
LOMBARD. Insensé, aujourd'hui sans doute; mais non-pas dans un an ou deux. Mademoiselle Eugénie n'est plus riche maintenant... il n'y a donc que la naissance qui vous sépare... Eh bien! tu mettras la fortune de ton côté pour égaliser la balance... (Bas.) Et toi, Julienne, je ne désespère pas de te voir un jour marquise, si tu le veux bien.
JULIENNE. Moi... quelle folie!
LOMBARD. Sois donc tranquille! Dieu est juste, nous sommes d'honnêtes gens, et Auguste est des nôtres, malgré son marquisat d'hier.

L'OUVRIER.

SCÈNE IV.

Les mêmes, UN DOMESTIQUE.

LE DOMESTIQUE. Pour M. Lombard.
LOMBARD. Une lettre ! de quelle part ?
LE DOMESTIQUE. De la part de M. le marquis de Gèvres. (Il sort.)

SCÈNE V.

JULIENNE, LOMBARD, VICTOR.

LOMBARD. De la part d'Auguste ! c'est étrange !
VICTOR. En effet, il vous écrit...
LOMBARD. Il n'ose donc pas me parler ?
JULIENNE. Vous vous trompez... Lisez, mon oncle, lisez donc !
LOMBARD, à Julienne, après avoir hésité. Cette lettre... non, je n'ose pas...
VICTOR. Comment, vous n'osez pas ?
LOMBARD. Non, je ne veux pas te dire, mais, quand je l'ai touchée, ce papier satiné... ce cachet à armoiries... il m'a semblé qu'elle me brûlait les doigts... il y a là-dedans quelque chose infâme !
JULIENNE. Ah ! il vous écrit, j'en suis sûre, parce qu'il ne peut quitter sa grand'mère, et c'est pour vous expliquer pourquoi il nous a tout à l'heure parlé si froidement...
LOMBARD. Eh bien ! lis donc, toi ! qui as tant de confiance en lui !
JULIENNE. Vous allez voir. (Lisant.) « Monsieur. »
LOMBARD ET VICTOR. Monsieur ! (Ils se regardent.)
JULIENNE, lisant des yeux. Ah ! mon Dieu !
LOMBARD. Eh bien ! qu'est-ce que c'est ?
JULIENNE, voulant cacher la lettre. Ah ! mon oncle ! non ! non ! ne lisez pas !
LOMBARD. Mais qu'est-ce donc ?
JULIENNE. Plus tard... plus tard ! quand nous aurons quitté ce château.
LOMBARD. Quitté ce château !.. Mais donne donc ! donne donc ! (Il lui arrache la lettre.) Quitté ce château !..
JULIENNE. O mon Dieu ! je tremble !..
LOMBARD, lisant. O mon Dieu ! mon Dieu !..
VICTOR. Eh bien ! mon père !..
LOMBARD. Lui, Auguste !
VICTOR. Mais qu'y a-t-il ?
LOMBARD, lisant. Il nous chasse !
VICTOR. Mon père, c'est impossible !
LOMBARD. Il nous chasse, te dis-je !
JULIENNE. Non ! non ! il vous dit que des raisons qu'il va vous expliquer dans sa lettre le forcent à vous prier...
LOMBARD. Julienne ! assez, assez...
VICTOR. Mais enfin, quelles sont ces raisons ? achevez...
LOMBARD, déchirant la lettre. Je ne veux pas les savoir !
VICTOR. Mon père !
LOMBARD. Oh ! le misérable ! déjà... si vite... en quelques heures, je le croyais bon... lui... je te l'avoue, Victor, sur qui j'aurais peut-être compté plus que sur toi ! lui... (Il sanglote.) Ah ! mon Dieu ! mon Dieu ! que c'est affreux !
JULIENNE. Ah ! mon oncle, c'est l'ivresse d'un premier mouvement, ne vous désolez pas ainsi.
VICTOR. Ne pleurez pas, mon père.
LOMBARD. Est-ce que je pleure ? et qu'est-ce que ça me fait à moi ? Ce n'est pas mon fils... [c'est un enfant abandonné que j'ai recueilli par pitié, nourri pour charité... j'ai voulu en faire un honnête homme, je me suis trompé, je n'ai pas réussi... je n'ai pas à rougir de ce que j'ai fait.. je n'ai pas même à rougir de ce que c'est un ingrat et un infâme !.. Ce n'est pas mon fils... il ne porte pas mon nom... il ne lui est pas permis de le déshonorer !
VICTOR. Mon père, il y a quelque chose qui le domine... il doit être forcé d'agir ainsi... il faut le voir, lui parler.
LOMBARD. Le voir, lui parler ! mais tu ne penses donc pas que, s'il était là, devant moi, je le souffletterais, et je le tuerais ?
JULIENNE. Mon oncle !
LOMBARD. Car si c'était mon fils qui fût lâche et vil à ce point, je le tuerais !
VICTOR. Mais il ne l'est pas !
LOMBARD. Tu as raison, il ne l'est pas. Je n'ai donc que le droit de le mépriser... Mais ce mépris, je ne serais pas assez maître de moi pour le lui montrer... ma colère m'emporterait, ma douleur, mon désespoir éclateraient devant lui... je pleurerais, peut-être ! Car, je l'aimais, vois-tu, Victor ! je l'aimais comme mon enfant, et il me chasse... il me chasse.
VICTOR ET JULIENNE. Calmez-vous ! calmez-vous !
LOMBARD. Allons-nous-en ! allons-nous-en ! Est-ce que nous avons besoin de lui ? Ne pouvons-nous pas être heureux ? N'êtes-vous pas mes enfants ! ne me restez-vous pas ? Allons-nous-en, allons-nous-en ! je ne répondrais plus de moi si je le rencontrais, lui, ou quelqu'un de cette noble famille.

SCÈNE VI.

Les mêmes, EUGÉNIE.

EUGÉNIE. Restez.
VICTOR. Eugénie !
LOMBARD. La nièce de cette comtesse.
JULIENNE. Elle aime Victor, et elle doit être aussi malheureuse que nous !
LOMBARD. Pardon, Mademoiselle, mais il faut que nous partions.
EUGÉNIE. Vous partez ?
LOMBARD. Oui, Mademoiselle... de pauvres gens comme nous ne sont pas à leur place dans cette maison. On nous fait comprendre qu'il faut cesser des relations devenues impossibles, des visites trop fréquentes.
EUGÉNIE, hésitant. Et savez-vous quel en est le motif ?
VICTOR. Ils étaient sans doute dans cette lettre ; mais mon père n'a pas voulu en lire davantage.
JULIENNE. Ah ! ce devait être la justification d'Auguste !
EUGÉNIE. Non, Mademoiselle, non ; c'était une trahison de plus.
LOMBARD. Et que peut-il faire encore, après avoir traité ainsi la famille qui l'a élevé ?
EUGÉNIE. C'est qu'il ne l'éloigne, Monsieur, que parce qu'elle gêne ses projets... Car vous n'êtes pas les plus malheureux, vous autres ! tandis que moi, promise hier à monsieur de Monnerais parce que j'étais riche, il faut aujourd'hui que j'épouse le marquis de Gèvres parce que je suis pauvre.
VICTOR. Vous ! épouser Auguste !
EUGÉNIE. Et comme il sait que vous m'aimez, il veut vous éloigner.
JULIENNE. Non, vous dis-je, ça n'est pas possible ! Trahir Victor à ce point-là ! lui qui l'aimait tant !
LOMBARD. Et qui l'aimait aussi, n'est-ce pas ?
JULIENNE. Ah ! ce n'est pas à moi que je pense ; mais je ne puis croire à cette perfidie d'Auguste.
EUGÉNIE. Mais ce mariage m'a été annoncé devant lui.
VICTOR. Devant lui ?
EUGÉNIE. Oui, par ma mère, il n'y a qu'un instant, là, tout à l'heure.
VICTOR. Et il a consenti !
EUGÉNIE. Mais ne m'avez-vous donc pas comprise, et ne voyez-vous pas que je ne pleurerais pas ainsi si ce n'était pas vrai ?
VICTOR. Eh bien ! ce ne sera pas vrai, je vous le jure !
JULIENNE. Victor !
LOMBARD. Mon fils !
VICTOR. Vous n'êtes pas votre fils, ce n'est pas mon frère, vous l'avez dit, c'est un infâme ! un lâche que je veux punir.

SCÈNE VII.

Les mêmes, M. DE MONNERAIS.

M. DE MONNERAIS, paraissant, et à part. Ah ! les conseils que j'ai donnés à monsieur de Gèvres ont fructifié... Ma vengeance commence.
LOMBARD. Tais-toi, enfant, c'est ma faute... je l'ai maudit et injurié tout à l'heure, quand il a brisé mon cœur, et les injures maintenant qu'il frappe le tien... mais tout cela, c'est plus qu'il ne mérite... c'est de la colère... et, je te l'ai dit, il ne vaut que du mépris. Venez, allons ! allons !
EUGÉNIE. Oh ! ne partez pas ! Que voulez-vous que je devienne, moi ?
LOMBARD. Eh ! que pouvons-nous faire pour vous ?
EUGÉNIE. Je suis pauvre, maintenant : rien ne nous sépare.
VICTOR. Que dites-vous ?
JULIENNE, à part. Oh ! elle l'aime bien !.. elle est digne de lui !..
EUGÉNIE. Victor, protégez-moi ! voyez ma mère... Elle est bonne... elle vous doit la vie... Allons nous jeter à ses pieds, et elle ne persistera pas à me condamner à cette alliance.
M. DE MONNERAIS, se montrant. Allez... Et elle vous apprendra que je viens de remettre à monsieur Auguste un consentement formel à votre prochain mariage avec lui.
EUGÉNIE. Oh ! vous ne le ferez pas !
M. DE MONNERAIS. Il n'y manque que les noms, car nous ne sommes pas encore très-bien informés de tous ceux de l'illustre marquis à qui monsieur Lombard a si bien enseigné les vertus qui font le noble gentilhomme.
LOMBARD. Il est certain que ce serait un misérable de moins en ce monde, si vous l'aviez assassiné tout à fait, comme c'était votre intention, monsieur le baron.
M. DE MONNERAIS. Monsieur...
LOMBARD. Ah ! tenez, Monsieur, sur ce chapitre, nous ne pour-

rions rien avoir d'agréable à nous dire l'un à l'autre... et nous ferons tout aussi bien de rompre l'entretien.

M. DE MONNERAIS. J'en aperçois le héros, et peut-être vous conviendra-t-il mieux de le continuer avec lui...

LOMBARD. Auguste! qu'il ne vienne pas! qu'il n'approche pas!...

JULIENNE. Mon oncle, vous oubliez...

LOMBARD. Oui, j'oublie que c'est le marquis de Gèvres, que je suis chez lui... et que nous y sommes restés trop longtemps.

EUGÉNIE. Ah! vous ne partirez pas ainsi...

VICTOR. Il faudra qu'Auguste s'explique avec moi!

JULIENNE. Oh! je le verrai; non, tout cela ne peut être vrai...

LOMBARD. Mais, venez, venez donc, sortez, je vous défends de le regarder.

EUGÉNIE. Je ne vous quitte pas...

SCÈNE VIII.

LES MÊMES, AUGUSTE.

AUGUSTE. Je suis libre enfin... mon père! Victor!

VICTOR, allant à lui. Monsieur, vous avez chassé mon père de chez vous; celle que j'aime, vous me l'enlevez!... vous êtes un misérable et un lâche.

AUGUSTE. Ah! Victor! Victor!

LOMBARD, à Victor. Mon fils, je vous défends de rester plus longtemps dans cette maison; je vous défends de venger l'injure que nous avons reçue; la vie d'un homme d'honneur ne doit se risquer que contre celle d'un homme d'honneur.

AUGUSTE. C'est donc ainsi qu'ils me jugent!

VICTOR. Ne craignez rien, mon père; il a sans doute tout oublié de vos leçons, même le courage qui lave les insultes dans le sang!...

AUGUSTE. Ah! faites-le taire, mon père!...

LOMBARD. A qui parlez-vous, Monsieur? je ne vous connais pas... Venez.

AUGUSTE, tombant sur une chaise. Ah! c'est trop... c'est trop!...

M. DE MONNERAIS. Je salue monsieur le marquis de Gèvres. (A part, en sortant.) Je suis vengé!...

SCÈNE IX.

AUGUSTE, seul. Et ils disaient qu'ils m'aimaient! et sans m'avoir entendu... quand je leur avais dit au bas de cette lettre, que j'ai écrite sous les yeux de madame de Gèvres, que, malgré tout, ils avaient encore en moi un frère et un fils... ils doutent de moi... ils m'insultent... eux, lui, Victor... mon père... car il était encore mon père pour moi... Ah! ils le veulent ainsi!... eh bien! soit! qu'ils partent! qu'ils s'en aillent, qu'ils souffrent!... que m'importe? Non, ils ne m'aimaient pas; car moi, à leur place, j'aurais vu Victor me trahir, je l'aurais vu de mes yeux, que j'aurais encore crié : Non, ce n'est pas vrai! ce n'est pas possible... c'est mon frère! Ah! ils ne m'aimaient pas comme je les aimais, moi!

SCÈNE X.

AUGUSTE, JULIENNE.

JULIENNE. Le voilà!... Ah! je suis sûre qu'il se repent!

AUGUSTE. Julienne!... vous, Mademoiselle!

JULIENNE. Moi!

AUGUSTE. Venez-vous aussi me reprocher mes trahisons, mes lâchetés?...

JULIENNE. Non, non, je ne suis rien pour vous, moi; et ce que je souffre vous importe peu.

AUGUSTE. Vous souffrez donc aussi?

JULIENNE. Oui, car mon oncle pleure, Victor se désespère.

AUGUSTE. Et vous me maudissez donc?...

JULIENNE. Oh! pas moi! car moi seule...

AUGUSTE. Vous seule?

JULIENNE. Moi seule... je n'ai pas voulu croire qu'Auguste...

AUGUSTE. Eh bien?...

JULIENNE. Notre frère...

AUGUSTE. Votre frère?...

JULIENNE. Que toi enfin...

AUGUSTE. Toi, as-tu dit?

JULIENNE. Oui, toi, toi... je n'ai pas voulu croire que tu nous avais abandonnés.

AUGUSTE, avec explosion. A la bonne heure, donc!... à la bonne heure!

JULIENNE. Auguste!

AUGUSTE. Merci, Julienne, merci... j'ai donc trouvé enfin un cœur qui m'a compris! qui n'a pas douté de moi!... Julienne!...

Oh! embrasse-moi!... j'ai tant souffert tout à l'heure!... mais je me vengerai.

JULIENNE. Que dis-tu?

LOMBARD ET EUGÉNIE, en dehors. Julienne! Julienne!...

JULIENNE. Oh! les voilà qui me cherchent... je vais leur dire...

AUGUSTE. Non, laisse-les venir... il faut que j'aie mon tour!

SCÈNE XI.

MADAME DE GÈVRES, LOMBARD, VICTOR, EUGÉNIE, M. DE MONNERAIS, AUGUSTE, JULIENNE.

MADAME DE GÈVRES. La voici, Monsieur; elle est avec mon fils.

AUGUSTE. Venez, ma mère. Entrez, Monsieur; avant de quitter ce château, pour longtemps peut-être, il faut que vous sachiez au juste ce que vous devez penser de celui que vous appeliez votre fils.

JULIENNE. Oui, mon oncle, venez, je vous en supplie.

LOMBARD. C'est pour toi, ma fille, pour toi.

MADAME DE GÈVRES. Mon fils, je vous prie de ne pas oublier dans cette explication que vous parlez à un homme à qui vous devez respect et reconnaissance.

AUGUSTE. Quand j'aurai fini, vous jugerez si je l'ai oublié. Ce matin, Madame, vous paraissiez alarmée de la manière dont je porterais le nom illustre qui m'appartient; ignorant les devoirs de cette haute position, j'ai écouté vos conseils, et je m'y suis soumis. Vous m'avez dit que M. Victor Lombard pour mademoiselle Eugénie de Monnerais ne devait jamais avoir d'espérance, et qu'il fallait mettre un terme à des relations peu convenables entre eux.

MADAME DE GÈVRES. Je vous ai dit cela, c'est vrai!

LOMBARD. Et de vous, Madame, c'était justice!

MADAME DE GÈVRES. Et je ne me départs pas de cette opinion.

AUGUSTE. Tout ce que j'aurais pu vous dire pour la combattre eût donc été inutile, et j'ai dû obéir.

MADAME DE GÈVRES. Mais je vous avais dit d'apporter à cette explication avec vos premiers amis des ménagements...

AUGUSTE. Qui n'ont pu leur déguiser la vérité, Madame ; et cette vérité qui leur a paru une basse ingratitude...

LOMBARD. Et c'en est une d'avoir chassé celui qui vous a nourri.

AUGUSTE. Vous l'entendez, Madame!

VICTOR. Et c'est une lâcheté d'abuser de sa position pour tyranniser une femme sans défense.

AUGUSTE. Vous l'entendez... Eh bien, Madame, si l'honneur du nom de Gèvres doit me coûter si cher! s'il faut être lâche et ingrat pour eux, afin de le porter dignement pour vous, je vous avoue que je n'ai pas le courage d'une si haute position, que j'en suis indigne et que je le refuse.

MADAME DE GÈVRES. Ah! c'est impossible! Vous êtes le dernier de ce nom prêt à s'éteindre...

LOMBARD. Et qu'il gardera; car il nous trompe encore, et veut rejeter sur vous tout ce qu'il a fait de lui-même.

AUGUSTE. Je vous trompe, dites-vous?

LOMBARD. Et pourquoi donc solliciter avec tant de chaleur ce consentement de M. de Monnerais à ce mariage? Y allait-il de l'honneur de votre nom?

AUGUSTE. J'ai sollicité ce consentement pour le remettre à mademoiselle de Monnerais, pour qu'elle puisse y écrire le nom qu'elle voudra choisir. (Il lui donne le consentement.)

VICTOR. Est-ce possible, mon Dieu!

LOMBARD. Que dit-il?

M. DE MONNERAIS. Et vous devez lui être d'autant plus reconnaissant, qu'il a pris soin de dépouiller mademoiselle Eugénie de toute sa fortune ; et ceci est d'une noblesse rare.

AUGUSTE. Oui, Monsieur, j'ai dépouillé mademoiselle de Monnerais de toute sa fortune, pour la faire entrer dans la famille de Gèvres accueillie par le riche prétendu que je veux lui présenter, et à qui j'assure une fortune plus considérable que celle que vous destiniez à votre pupille. N'est-ce pas d'un noble gentilhomme, monsieur le baron?

M. DE MONNERAIS. Ce qui n'est pas d'un noble gentilhomme, c'est de vous être laissé insulter par cet homme.

AUGUSTE. Et de ne lui avoir pas répondu, comme votre fils, qu'un homme comme moi, ne se bat ni à l'équerre ni au compas.

M. DE MONNERAIS. Monsieur...

AUGUSTE. Voilà ce que je lui aurais dit, si j'avais été à votre école! Mais comme je n'ai pas reçu vos leçons... je lui dis, moi : Mon frère tu t'es trompé, je te pardonne, embrasse-moi!

VICTOR. Ah! Auguste!... Auguste! (il l'embrasse.)

AUGUSTE. Voilà ta femme.

JULIENNE. Ah! j'en étais sûre!... moi!...

LOMBARD. Et moi, qui l'ai traité d'ingrat et de lâche!

AUGUSTE, à Lombard. Et vous, Monsieur...
LOMBARD. Est-ce que tu m'en veux encore, toi.
AUGUSTE. Mon père... (Ils s'embrassent.)
LOMBARD. Ah! tenez, madame la comtesse, nous avons là un fils qui est un brave garçon!
MADAME DE GÈVRES. Vous avez raison, Monsieur... et il a été plus sage que nous tous!
LOMBARD. Eh bien! toi, Julienne, qu'est-ce que tu fais là dans ton coin?
JULIENNE. Je suis heureuse de votre bonheur. (Auguste va la prendre et la mène devant sa mère.)
AUGUSTE. Ma mère... voyez cette jeune fille... elle seule, quand tout le monde doutait de mon honneur et de mon cœur, quand tout le monde me maudissait, elle seule est venue à moi avec confiance, elle seule m'a dit : Non, tu ne nous as pas trompés, tu es toujours un honnête homme.
JULIENNE. Oh! oui, un honnête homme!
AUGUSTE. Et pour qu'elle n'ait pas menti, ma mère, il faut que je tienne la promesse que je lui ai faite. Elle était ma fiancée depuis longtemps.

M. DE MONNERAIS. Et elle sera?...
AUGUSTE. La marquise de Gèvres.
LOMBARD. Et elle ne s'en tirera pas plus mal que le marquis.
MADAME DE GÈVRES. Mon fils...
JULIENNE. Mais je ne veux pas, moi, être un sujet de désunion.
AUGUSTE. Julienne, je ne t'ai jamais demandé si tu m'aimais : je me suis trompé, peut-être?
JULIENNE. Oh! si je t'aime!... je t'aime! car tu es bon et généreux!
AUGUSTE. Eh bien! ma mère?
MADAME DE GÈVRES. C'est Dieu qui, sans doute, a voulu tout cela.
M. DE MONNERAIS. Et tout cela me prouve que je n'ai plus rien à faire ici.
LOMBARD. Pardon, monsieur le baron; cela devrait vous prouver aussi qu'il n'y a pas deux honneurs, deux probités, deux vertus, et que ce qui fait l'honnête homme du peuple fait aussi le noble gentilhomme. J'ai bien l'honneur de vous saluer.

FIN

LIBRAIRIE MICHEL LÉVY FRÈRES, rue Vivienne, 2 bis, et boulᵈ des Italiens, 15, A LA LIBRAIRIE NOUVELLE

ŒUVRES COMPLÈTES DE **H. DE BALZAC**, NOUVELLE ÉDITION COMPLÈTE EN 45 VOLUMES
à 1 franc 25 centimes le volume. — Chaque volume se vend séparément.

LA COMÉDIE HUMAINE

SCÈNES DE LA VIE PRIVÉE
- TOME 1. — La Maison du chat qui pelote. Le bal de Sceaux. La Bourse. La Vendetta. Madame Firmiani. Une double Famille. Autre Étude de Femme. La grande Bretèche.
- TOME 2. — La Paix du Ménage. La fausse Maîtresse. Étude de Femme. Autre Étude de Femme. Albert Savarus.
- TOME 3. — Les Mémoires de deux jeunes Mariées. Une fille d'Ève.
- TOME 4. — La Femme de trente ans. La Femme abandonnée. La Grenadière. Le Message. Gobseck.
- TOME 5. — Le Contrat de Mariage. Un Début dans la vie.
- TOME 6. — Modeste Mignon.
- TOME 7. — Béatrix.
- TOME 8. — Honorine. Le colonel Chabert. La Messe de l'Athée. L'Interdiction. Pierre Grassou.

SCÈNES DE LA VIE DE PROVINCE
- TOME 9. Ursule Mirouet.
- TOME 10. Eugénie Grandet.
- TOME 11. — Les Célibataires I. Pierrette. Le Curé de Tours.
- TOME 12. — Les Célibataires II. Un Ménage de Garçon.
- TOME 13. — Les Parisiens en Province. L'Illustre Gaudissart. La Muse du département.
- TOME 14. — Les Rivalités. La Vieille Fille. Le Cabinet des Antiques.
- TOME 15. — Le Lys dans la vallée.
- TOME 16. — Illusions perdues I. Les deux Poètes. Un grand Homme de province à Paris (première partie).
- TOME 17. — Illusions perdues II. Un grand Homme de province (2ᵉ partie). Ève et David.

SCÈNES DE LA VIE PARISIENNE
- TOME 18. — Splendeurs et Misères des courtisanes. Esther heureuse. A combien l'amour revient aux Vieillards. Où mènent les mauvais chemins.
- TOME 19. — La Dernière Incarnation de Vautrin. Un Prince de la Bohème. Un Homme d'affaires. Gaudissart II. Les Comédiens sans le savoir.
- TOME 20. — Histoire des Treize. Ferragus. La duchesse de Langeais. La Fille aux yeux d'or.
- TOME 21. — Le Père Goriot.
- TOME 22. — César Birotteau.
- TOME 23. — La Maison Nucingen. Les Secrets de la princesse de Cadignan. Les Employés. Sarrasine. Facino Cane.
- TOME 24. — Les Parents pauvres, I. La Cousine Bette.
- TOME 25. — Les Parents pauvres, II. Le Cousin Pons.

SCÈNES DE LA VIE POLITIQUE
- TOME 26. — Uno Ténébreuse affaire. Un Épisode sous la Terreur.
- TOME 27. — L'Envers de l'Histoire contemporaine. Madame de la Chanterie. L'Initié, Z. Marcas.
- TOME 28. — Le Député d'Arcis.

SCÈNES DE LA VIE MILITAIRE
- TOME 29. — Les Chouans. Une Passion dans le Désert.

SCÈNES DE LA VIE DE CAMPAGNE
- TOME 30. — Le Médecin de campagne.
- TOME 31. — Le Curé de village.
- TOME 32. — Les Paysans.

ÉTUDES PHILOSOPHIQUES
- TOME 33. — La Peau de chagrin.
- TOME 34. — La Recherche de l'absolu. Melmoth réconcilié. Le Chef-d'œuvre inconnu.
- TOME 35. — L'Enfant maudit. Gambara. Massimilla Doni. Adieu. Le Réquisitionnaire. El Verdugo. Un Drame au bord de la mer. L'Auberge rouge. L'Élixir de longue vie. Maître Cornélius.
- TOME 37. — Sur Catherine de Médicis. Le Martyr calviniste. La Confidence des Ruggieri. Les deux Rêves.
- TOME 38. — Louis Lambert. Les Proscrits. Seraphita.

ÉTUDES ANALYTIQUES
- TOME 39. — Physiologie du mariage.
- TOME 40. — Petites Misères de la vie conjugale.

CONTES DROLATIQUES
- TOME 41. Premier dizain. — La belle Impéria. Le Péché vénial. La mye du roy. L'Héritier du diable. Les Joyeulsetés du roy Loys le onziesme. La Connestable. La pucelle de Thilouse. Le Frère d'armes. Le Curé d'Azay-le-Rideau. L'Apostrophe.
- TOME 42 Deuxième dizain. — Les Trois Clercs de Sainct-Nicolas. Le Jeusne Françoys premier. Les Bons proupos des ruligieuses de Poissy. Comment feut basty le Chasteau d'Azy. La Faulse Courtisane. Le danger d'être trop coquebin. La chiere nuictée d'amour. Le prosne du joyeulx curé de Meudon. Le Succube. Désespérance d'amour.
- TOME 43. Troisième dizain. — Perséverance d'amour. D'ung instigiard qui ne se remembroyt les chousses. Sur le moyne Amador, qui feut un glorieux abbé de Turpenay. Berthe la repentie. Comment la belle fille de Portillon ryaulda son i-uge. Cy est remonstré ma fortune est toujours femelle. D'ung pauvre qui avoyt nom le vieulx par-chemins. Dires inconguruz de trois pélerins. Naïveté. La belle Impéria La.

THÉÂTRE
- TOME 44. — Vautrin, drame en bactes. Les Ressources de Quinola, comédie en 5 actes et un prologue. Paméla Giraud, pièce en 5 actes.
- TOME 45. — La Marâtre, drame intime en 5 actes et 8 tableaux. Le Faiseur (Mercadet), comédie en 5 actes (entièrement conforme au manuscrit de l'auteur.)

PUBLICATIONS IN-4°, A 10 CENTIMES LA LIVRAISON
MUSÉE LITTÉRAIRE DU SIÈCLE ET MUSÉE CONTEMPORAIN

ROGER DE BEAUVOIR
- Le Chev. de St-Georges. » 90
- Le Chevalier de Charny. » 50

JH. DE BERNARD
- Un Acte de vertu. . . » 50
- La Peine du Talion . . » 50
- L'Anneau d'argent. . . » 50
- Une Avent. de Magistrat. » 50
- Le Cinquantaine. . . » 50
- La Femme de 40 ans. » 90
- Les Gendre. . . » 50
- L'Innocente d'un Forçat » 30
- La Peine du talion . . » 30
- Le Persécuteur . . . » 30

CHAMPFLEURY
- Grands-hom. du ruisseau » 60

Cᵗᵉ LA COMTESSE DASH
- Les Galanteries de la cour de Louis XV. . » 3
- La Régence. » 90
- La Jeunesse de Louis XV. » 90
- Les Maîtresses du roi. . » 90
- La Parc aux cerfs. . » 90

ALEXANDRE DUMAS
- Acté . . . . . . » 90
- Amaury. » 90
- Ange Pito. . . » 1 80
- Arcanio. 1 50
- Le Bâtard de Mauléon. 2 »
- Le Capitaine Paul. . » 70
- Le Capitaine Richard. » 90
- Causeries.-Les 3 Dames. 2 »
- Cécile. . . . » 50
- Césarine. . . » 50
- Charles le Téméraire. 1 30
- Le Château d'Eppstein. 1 50

Chevalier d'Harmental. 1 50
Chev. de Maison-Rouge. 1 50
Le Collier de la reine. 2 50
La Colombe. — Murel. » 50
Les Compagnons de Jéhu. 1 80
Comte de Monte-Cristo. 4 »
La Comtesse de Charny 4 30
La Comtesse de Salisbury! 50
Conscience l'innocent. 1 30
La Dame de Monsoreau. 2 50
Les Deux Diane. . » 2 50
Dieu dispose. . 1 80
Les Drames de la Mer. » 70
Fem. au coli. de velours » 70
Les Morts vont vite. . 1 50
Les Frères corses. . . » 90
Gabriel Lambert. . » 90
Gaule et France. . . » 90
Georges. . . . . » 90
Un Gil Blas en Californie. » 70
Les Guerres des Femmes. 1 65
L'Horoscope. . . . . » 90
Impressions de voyage.
Une Année à Florence. » 90
L'Arabie heureuse. 2 »
Les Bords du Rhin. 1 30
Le Capitaine Aréne. » 90
Le Corricolo. . . 1 05
De Paris à Cadix. 1 65
En Suisse. . . . 2 20
Le Midi de la France 1 30
Quinze Jours au Sinaï. » 90
Le Spéronare. . . 1 65
Le Véloce. . . . » 50
La Vie au Désert. . 1 80
La Villa Palmieri. » 50

Ingénue. 1 80
Johanne la pucelle. . » 90
John Davys. . 1 80
Les Louves de Machecoul. 2 50
La Maison de Glace. . 1 50
Le Maître d'armes. . » 50
Mariages du père Olifus. » 70
Les Médicis. . » 90
Mém. de Garibaldi (Comp.) 1 80
(1ʳᵉ série.) (Séparément) 1 50
Mém. d'un Méd. (Balsamo) 4 »
Les Mille et un Fantômes » 70
Les Mohicans de Paris. 3 60
Nouvelles. . . . 1 50
Olympe de Clèves. . 2 60
Paulino. . . . . » 50
Le Père Gigogne. . 1 40
Le Père la ruine. . . » 90
Les Quarante-Cinq. . 1 85
La Reine Margot. 1 65
La Route de Varennes. » 70
El Salteador. . . . » 90
Salvator. . . . 4 »
Souvenirs d'Antony. » 60
Sylvandire. . . . » 90
Le Test. de M. Chauvelin » 70
Les Trois Mousquetaires. 1 65
Le Trou de l'Enfer. . » 90
La Vie de Bragelonne. 4 75
Une Vie d'Artiste. . » 90
Vingt Ans après . 2 70

ALEX. DUMAS FILS
Césarine. . . . . » 50
Le Prix de Pigeons. . » 50

XAVIER EYMA
Les Femmes du nouveau monde. . . . . » 90

PAUL FÉVAL
Les Amours de Paris. 1 30
Le Bossu ou le petit Parisien. . 2 50
Le Fils du Diable. » »
Le Tueur de Tigres. » 70

THÉOPHILE GAUTIER
Constantinople. . » 90

LÉON GOZLAN
Nuits du Père-Lachaise. » 90

CHARLES HUGO
La Bohème dorée. 1 50

CH. JOBEY
L'Amour d'une Négresse » 90

ALPHONSE KARR
Fort en thème. . » 70
La Pénélope Normande » 90
Sous les tilleuls. . » 90

A. DE LAMARTINE
Les Confidences. » 90
L'Enfance. » 90
Geneviève. » 70
Graziella. . » 60
La Jeunesse. » 80
La Vie de Famille. » 90

LE DOCTEUR F. MAY-NARD
L'Insurrection de l'Inde. » 90

MÉRY
Un Acte de désespoir. » 60
Bonheur d'un Million. » 60
Château des trois crimes » 60
Le Château d'Udolphe. » 50

Conspiration au Louvre » 70
Diam. aux mille facettes. » 60
Histoire de ce qui n'est pas arrivé. » 50
Les Nuits anglaises. » 50
Les Nuits italiennes. » 90
Simple Histoire. » 70

HENRY MURGER
Les Amours d'Olivier. » 30
Le Bonhomme Jadis. » 50
Madame Olympe. » 50
Maîtresses que maîtresse » 30
Scènes de la Bohème. 2 »

JULES SANDEAU
Sacs et Parchemins. » 90

EUGÈNE SCRIBE
Carlo Broschi. » 50
Proverbes. 2 »

FRÉDÉRIC SOULIÉ
Au Jour le jour. » 50
Avent. de Saturnin Fichet 1 30
Le Bannier. » 50
La Comtesse de Monrion » 90
Diane. 1 80
Les Deux Cadavres. » 70
Les Drames inconnus. 2 50
La Maison nᵃ 3 de la rue de Provence. » 70
Un Marin Cadet. » 50
Amours de Vict. Bonsennes » 50
Olivier Duhamel. » 50
Eulalie Pontois. » 50
Les Fergeros. » 50
Les Deux Cœurs et la toux » 50
Huit Jours au château. » 70
Le Cœur et la loux. » 90
Un Juif de Poitrine » 70
Le Maître d'École. » 70

Marguerite. » 50
Les Mémoires du Diable » 50
Les Quatre Napolitains 2 50
Les Quatre Oliviers » 50
Si Jeunesse savait, si Vieillesse pouvait. 1 50

ÉMILE SOUVESTRE
Deux Misères. » 90
L'Homme et l'Argent. » 70
Jean Plébeau. » 50
Pierre Landais. » 80
Les Éprouvés et les Élus » 50
Souven. d'un Bas-Breton 1 50

EUGÈNE SUE
Les Sept Péchés capitaux 5 »
L'Orgueil. 1 50
La Colère. » 70
La Luxure. » 70
"La Paresse. » 50
L'Avarice. » 50
La Bonne Aventure. » 90
Gilbert et Gilberte. 2 70
Le Diable médecin. 2 70
La Femme séparée de corps et de biens. » 90
La Grande Dame. » 30
La Lorette. » 30
La Femme de lettres. » 90
La Belle-Fille. » 50
Les Mémoires d'un Mari. 2 70
Mariage de convenance. 1 50
Un Mariage d'argent. » 90
Mariage d'inclination. » 50
Les Fils de famille. 2 70

THÉATRE CONTEMPORAIN ILLUSTRÉ
A 20 CENTIMES CHAQUE PIÈCE. — 1 FRANC LA SÉRIE BROCHÉE DE CINQ PIÈCES.

1ʳᵉ série.
- Le Chiffonnier de Paris. 20
- La Closerie des Genets. 40
- Une T. dans un v. d'eau. 40
- Le Morne au Diable. 40
- Pas de fumée sans feu . 40

2ᵉ série.
- Trois Rois, trois Dames. 20
- La Marâtre. 40
- La Ferme de Primerose. 40
- Le Chev. de Maison-R. 40
- L'Habit vert. 40

3ᵉ série.
- Benvenuto Cellini 40
- Frisette. 40
- Clarisse Harlowe. 40
- La Reine Margot. 40
- Jean le Postillon. 40

4ᵉ série.
- La Foi, l'Esp⁻ et la Char. 40
- Le Bal du Prisonnier 40
- Hamlet. 40
- Le Luth d'argent. 40
- Hortense de Blangis. 20

5ᵉ série.
- Le Fils du diable 40
- Une forme chez Louis XV. 40
- Le Livre noir. 40
- Midi à quatorze heures. 40
- La Petite Fadette. 40

6ᵉ série.
- La Vie de Bohème. 40
- La Chambre rouge. 40
- Un Jeune Homme pressé. 40
- Le Docteur noir. 40

7ᵉ série.
- Les Nuits de la Seine. 40
- Les Deux Sans-culottes. 40
- Un Ghap. de Paille d'It. 40
- L'Oncle Tom. 40
- Une Fièvre brûlante. 40

8ᵉ série.
- Bataille de Dames. 40
- Le Mari qui n'a r. à faire. 40
- La Parure de Jules Denis. 40
- Paris qui dort. 40
- Paris qui s'éveille. 40

9ᵉ série.
- Intrigue et Amour. 40
- Le March. de Jouets d'Enf. 40
- Gentil Bernard. 40
- Jobin et Nanette. 40
- Le Collier de Perles. 40

10ᵉ série.
- Le Bourgeois de Paris. 20
- Contes de la Reine de Nav. 40
- Qui se dispute s'adore. 40
- Marie Simon. 40
- La famille Poisson. 40

11ᵉ série.
- Martin et Bamboche 40
- Un Garçon chez Véry. 40
- Le Carnaval. 40
- Coupe-Poule. 40
- Chasse au Lion. 40

12ᵉ série.
- Berthe la Flamande. 40
- Le Testan. d'un garçon 20
- La Chatte blanche. 40
- L'Amour pris aux chev. 40

13ᵉ série.
- Le Courrier de Lyon. 20
- Par Fenêtres. 40
- Le Roi de Rome. 40
- Qui m'aime-t-il ces femmes. 40
- La Terre promise. 40

14ᵉ série.
- Les 7 Péchés capitaux. 20
- La Tête de Martin. 40
- Le Sage et le Fou. 40
- Le Mort. 40
- Un Marlan en b. fortune. 40

15ᵉ série.
- Les Quatre Fils Aymon. 40
- Scapin. 40
- Roquelaure. 40
- Une Nuit orageuse. 40

16ᵉ série.
- Le Mendiante. 40
- La Tonelli. 40
- Les Avocats. 40
- Marianne. 40
- Une Charge de cavalerie. 40

17ᵉ série.
- Les Coulisses de la vie. 20
- Un Ami sohené. 40
- Les Bergère de Paris. 40
- Marie m'l'Inondation. 40

18ᵉ série.
- Les 7 Merv. du Monde. 20
- Du Coup de Vent. 40
- Notre-Dame de Paris. 40
- Les Lundis de Madame. 40
- Le Chât. de Sept-Tours. 40

19ᵉ série.
- Les Mystères de l'Été. 40
- Voyage autour d'une f. F. 40
- Un Oncle de Poitrine. 40
- Léonard le perruquier. 40

20ᵉ série.
- Les 7 Merveilles du n° 7. 20
- L'Ami Françoise. 40
- Les Enfers de Paris. 40
- Atala. 40
- La Nuit du vendr. saint. 20

21ᵉ série.
- Les Cosaques. 40
- Un M. q'n'a att. pas. 40
- Bertram le Matelot 40
- L'Amour m daguerréot. 40
- Irène, ou le Magnétisme. 20

22ᵉ série.
- Les Mystères de Londres. 40
- Un Vilain Monsieur 40
- Les Lys dans la Vallée. 40
- Un Homme entre 5 airs. 40
- Le Forêt de Sénart. 40

23ᵉ série.
- Catilina. 40
- Théodore. 40
- La Voile de Dentelle. 40
- Les Trésors de l'Amour. 40
- Les Folies dramatiques. 20

24ᵉ série.
- La Comᵗ⁻ de Senneçay. 40
- Edgard et sa Bonne. 40
- Maison Lescaut. 40
- Les Mém. de Michellon. 40
- L'Âne mori. 52

LAGNY, — Imp. de A. VARIGAULT.

SUITE DU THEATRE CONTEMPORAIN

25e SÉRIE.
- Le Vieux Caporal . . . / Diane de Lys et de Cam. — 40
- Gr. et Déc. de Prudhon. / Le Roman d'une heure. — 40
- Thérèse, ou Ange et Diab. — 20

26e SÉRIE.
- Par. qui pl. et Par. qui r. / Le Chêne et le Roseau. — 40
- Les Orph. de Valneige. — 20
- Marie-Rose. . . . . . . / L'Ambigu en hab. neufs. — 40

27e SÉRIE.
- Un Notaire à marier . . / Les Rendez-vous Bourg. — 40
- L'Honneur de la Maison. / Le Laquais d'Arthur . . — 40
- L'Argent du Diable . . — 20

28e SÉRIE.
- La Boisière . . . . . . / Quand on att. sa Bourse. — 40
- Le Ciel et l'Enfer . . . / Souvent Femme varie. . — 40
- Gastibelza. . . . . . . — 20

29e SÉRIE.
- Schamyl . . . . / Deux Femmes en gage. — 40
- L'Armée d'Orient . . . / Où passerai-je mes Soir. — 40
- Les Gaietés champêtres. — 20

30e SÉRIE.
- La Bonne Aventure . . / En Bonne Fortune. . . — 40
- Gusman le Bravo . . . / Ce que vivent les Roses. — 40
- Les Oiseaux de la Rue. . — 20

31e SÉRIE.
- Le Prophète . . . . . / Un Vieux de la Vieille . — 40
- Echec et Mat. . . . . / Mam'zelle Rose. . . . — 40
- Louise Nanteuil. . . . — 20

32e SÉRIE.
- La Prière des Naufragés. / Un Mari en 150. . . . — 40
- Les Cinq Cents Diables. / A Clichy . . . . — 40
- Harry le Diable. . . . — 20

33e SÉRIE.
- Boccage . . . . / Corisette en prison. . . — 40
- La Vie d'une Coméd. . / Le Manteau de Joseph. — 40
- Le Chevalier d'Essonne. — 20

34e SÉRIE.
- Souvenirs de jeunesse. . / York. . . . . — 40
- Georges et Marie . . . / Sous un bec de gaz. . — 40
- Lulli. . . . . — 20

35e SÉRIE.
- Marthe et Marie. . . . / Une Femme qui se grise. — 40
- L'Enfant de l'amour . . / Le Sourd . . . . — 40
- Le Marbrier . . . . . — 20

36e SÉRIE.
- Les Oiseaux de Proie. . / Un feu de Cheminée . . — 40
- La Croix de Marie. . . / Le Chevalier Coquet . . — 40
- Hortense de Cerny. . . — 20

37e SÉRIE.
- Paris. . . . . / La Mort du Pêcheur . . — 40
- Un Mauvais Riche. . . / Dans les Vignes. . . . — 40
- Le Gant et l'Eventail . . — 20

38e SÉRIE.
- L'Histoire de Paris. . . / Pygmalion. . . . . . . — 40
- Salvator Rosa. . . . . / Un Cœur qui parle. . . — 40
- Le Vicaire de Wakefield. — 20

39e SÉRIE.
- Les Grands Siècles. . . / Le Devin du Village . . — 40
- Le Donjon de Vincennes. / Les Jolis Chasseurs. . . — 40
- Le Théâtre des Zouaves. — 20

40e SÉRIE.
- Le Moulin de l'Ermitage. / Les Derniers Adieux. . — 40
- Le Gâteau des Reines. . / Une Pleine Eau . . . . — 40
- Aimer et Mourir. . . . — 20

41e SÉRIE.
- Le Sergent Frédéric . . / Le Duel de mon Oncle. — 40
- La Florentine . . . . / Jeanne Mathieu . . . . — 40
- Songe d'une Nuit d'hiv. — 20

42e SÉRIE.
- Les Noces vénitiennes. . / L'Héritage de ma Tante. — 40
- Le Sire de Framboisy. . / L'Homme sans Ennemis. — 40
- La Chasse au Roman . — 20

43e SÉRIE.
- Le Paradis perdu . . . / En manches de chemise . — 40
- Les Maréch. de l'Empire. / Elodie . . . . — 40
- Lucie Didier. . . . . — 20

44e SÉRIE.
- Le Masque de poix. . . / L'Amour et son train. . — 40
- Jocelyn le garde-côte. . / Le Bal d'Auvergnats . . — 40
- Le Démon du Foyer . . — 20

45e SÉRIE.
- Aventures de Mandrin . / Dieu m., le couv. est mis. — 40
- L'Oiseau de Paradis . . / Si j'étais riche . . . . — 40
- Donnez aux Pauvres . . — 20

46e SÉRIE.
- Le Médecin des Enfants. / Médée . . . . — 40
- Le Pendu . . . . / Mon Isménie. . . . . — 40
- Les Fanfarons du vice. . — 20

47e SÉRIE.
- Marie Stuart en Ecosse. / Les Bât. dans les roues. — 40
- Le Fils de la Nuit . . . / Les 7 F. de Barbe-bleue. — 40
- Un Roi malgré lui. . . — 20

48e SÉRIE.
- Les Zouaves . . . . . / Le Jour du Frotteur. . — 40
- Le Marin de la garde. . / Sous les Pampres. . . — 40
- Un Voyage sentimental. — 20

49e SÉRIE.
- Les Pauvres de Paris. . / As-tu tué le mandarin. . — 40
- Les Parisiens. . . . . / Schahabaham II . . . — 40
- Les Pièges dorés . . . — 20

50e SÉRIE.
- Jane Gray. . . . . . . / La Bonne d'enfant. . . — 40
- L'Avocat des Pauvres. . / Les Suites d'un 1er lit. . — 40
- Les Toilettes tapageuses. — 20

51e SÉRIE.
- Fualdès. . . . . / Grassot embêté p' Ravel. — 40
- Cléopâtre . . . . / Toquades de Boromée. . — 40
- Rose et Marguerite . . — 20

52e SÉRIE.
- Jérusalem . . . . / Les Cheveux de ma Fem. — 40
- Le Secret des Cavaliers . / Six Demoiselles à marier — 40
- Le Docteur Chiendent. . — 20

53e SÉRIE.
- La Reine Topaze . . . / Le 66 . . . . — 40
- Le Chât. des Ambrières . / Roméo et Marielle . . . — 40
- L'Echelle de Femmes . . — 20

54e SÉRIE.
- La Fausse Adultère . . / Madame est de retour. . — 40
- La Route de Brest. . . / Secret de l'oncle Vincent. — 40
- Croquefer . . . . — 20

55e SÉRIE.
- Les Gens de Théâtre . . / Une Panthère de Java . — 40
- Orphelins du Pont N.-D. / Le Jour de la Blanchiss. — 40
- Le Fils de l'Aveugle . . — 20

56e SÉRIE.
- Les Orph. de la Charité. / La Rose de Saint-Flour . — 40
- Le Pressoir . . . . . . / Fais la cour à ma Femme. — 40
- Les Princ. de la Rampe . — 20

57e SÉRIE.
- Jean de Paris . . . . . / Un Chapeau qui s'envole — 40
- La Belle Gabrielle. . . / Zerbine. . . . . — 40
- Les Lanciers. . . . . — 20

58e SÉRIE.
- L'Aveugle. . . . . . . / Un Fameux Numéro . . — 40
- Les Deux Faubouriens . / Polkette et Bamboche . — 40
- Dalila et Samson . . . — 20

59e SÉRIE.
- Michel Cervantes . . . / L'Opéra aux Fenêtres. . — 40
- André Gérard . . . . / Une Soubrette de qualité. — 40
- Le Prix d'un Bouquet. . — 20

60e SÉRIE.
- Les Chev. du Brouillard. / Le Roi boit . . . . . . — 40
- L'Amiral de l'Esc. bleue . / Vent du soir. . . . . . — 40
- Roméo et Juliette . . . — 20

61e SÉRIE.
- Si j'étais roi . . . . . / La Dame aux jamb. d'azur. — 40
- Les Viveurs de Paris . . / La Médée de Nanterre . — 40
- On demande un Gouvern. — 20

62e SÉRIE.
- La Bête du bon Dieu . . / Le Mobilier de Bamboche — 40
- William Shakspeare . . / Une Minute trop tard . . — 40
- Le Télégraphe électrique. — 20

63e SÉRIE.
- La Filleule du Chansonn. / Penicault le Somnambule. — 40
- La Comt. de Novailles. . / Avez-vous besoin d'arg. . — 40
- Un Enfant du Siècle . . — 20

64e SÉRIE.
- Les Filles de Marbre . . / Le Cousin du Roi . . . — 40
- Les N. de Bouchencœur . / Les Jeux innocents. . . — 40
- L'Anneau de Fer . . . — 20

65e SÉRIE.
- L'Etoile du Nord . . . / Brin d'Amour . . . . — 40
- Le Fou par Amour. . . / L'Amour mouillé . . . — 40
- La Comète de Ch.-Quint. — 20

66e SÉRIE.
- Le Carnaval de Venise . / Le Compag. de Voyage . — 40
- Le Fléau des Mers . . . / Un Gendre en Surveill. — 40
- Le Fils de la Folle. . . — 20

67e SÉRIE.
- Ohé! les P'tits Agneaux! / Un Oncle aux Carottes . — 40
- Le Rocher de Sisyphe. . / Les Gardes du roi de Siam — 40
- Paris Crinoline . . . . — 20

68e SÉRIE.
- Les Vaches landaises . . / Une Mèche éventée . . — 40
- Les Fiancés d'Albano . / Le Parapluie d'Oscar. . — 40
- Diane de Chivry. . . . — 20

69e SÉRIE.
- Le Bonhomme Lundi . . / L'Education d'un Serin . — 40
- Le Pays des Amours . . / La Gammina. . . . . . — 40
- Le Dessous des Cartes . — 20

70e SÉRIE.
- Les Orph. de St-Sever. . / M. et Mme Rigolo . . . — 40
- Les Talismans . . . . . / Les Désespérés . . . . — 40
- Les Etudiants . . . . . — 20

71e SÉRIE.
- La Perle du Brésil . . . / La Raisin. . . . . . . — 40
- Le Martyre du Cœur . . / Méphistophélès . . . . — 40
- Thérèse ou l'O. de Genève — 20

72e SÉRIE.
- Germaine . . . . / La Boîte secrète. . . . — 40
- Margot . . . . / Maître Bâton. . . . . . — 40
- Eulalie Pontois . . . . — 20

73e SÉRIE.
- Les Mers polaires . . . / Mam'selle Jeanne . . . — 40
- Les Fugitifs . . . . . / Le Feu à une v. maison . — 40
- Il y a seize ans . . . . — 20

74e SÉRIE.
- La Nuit du 20 septembre. / Les Petits Prodiges. . . — 40
- Les Croc. du Père Martin . / Une Croix à la Cheminée . — 40
- La Bataille de Toulouse . — 20

75e SÉRIE.
- Jaguarita l'Indienne . . / Le Déjeuner de Fifine . — 40
- Jean-Bart. . . . . . . / Un Banq. c. il y en a peu . — 40
- La Famille Lambert . . — 20

76e SÉRIE.
- Les Mousq. de la Reine. . / Les Précieux. . . . . . — 40
- Il faut que jeun. se paye . / J'ai mangé mon ami . . — 40
- Rose et Rosette. . . . — 20

77e SÉRIE.
- Les Bibelots du Diable . / Les deux Pêcheurs. . . — 40
- Les Mères repenties . . / Vente d'un riche mobilier — 40
- Les Amants de Murcie . — 20

78e SÉRIE.
- Les Pantins de Violette . / Eva . . . . — 40
- Turlututu, chap. pointu . / Je croque ma tante. . . — 40
- Calas . . . . — 20

79e SÉRIE.
- Tromb-al-ca-zar . . . . / Si ma femme le savait. . — 40
- Le Château de Grantier . / Préciosa . . . . — 40
- Les Rôd. du Pont-Neuf . — 20

80e SÉRIE.
- Les Enfants terribles . . / Une Mait. bien agréable . — 40
- La Case de l'oncle Tom. . / Griseldis, ou les cinq sens . — 40
- Lisbeth. . . . . — 20

81e SÉRIE.
- Frere et Sœur . . . . / Drelin! drelin! . . . . — 40
- Le Punch Grassot . . . / Monsieur mon fils . . . — 40
- L'Ouvrier . . . . — 20

82e SÉRIE.
- Le Clou aux maris. . . / La Marquise de Tulipano. — 40
- Les Dragons de Villars. . / Une Crise de ménage . . — 40
- Le Test. de la p. femme . — 20

83e SÉRIE.
- Le comte de Lavernie. . / 5 gaill. dont 2 gaillardes . — 40
- Martha . . . . / Plus on est de fous. . . — 40
- Le Père de famille . . . — 20

84e SÉRIE.
- Faust . . . . / La Perdrix rouge . . . — 40
- Maurice de Saxe . . . / Anguille sous roche . . — 40
- La Vendetta . . . . . . — 20

85e SÉRIE.
- Les Ducs de Normandie . / Une Temp. dans une Baig. — 40
- Cartouche . . . . / Un Mari d'occasion . . — 40
- La Fiancée de Lammerm. — 20

86e SÉRIE.
- La Demoiselle d'honneur. / Entre Hommes . . . . — 40
- L'école des Ménages. . . / Le Tueur de lions . . . — 40
- Othello. . . . . — 20

87e SÉRIE.
- Paris s'amuse . . . . . / Soufflez-moi dans l'œil . — 40
- Le Maître d'Ecole . . . / L'inventeur de la poudre . — 40
- Gaëtan il Mammone . . — 20

88e SÉRIE.
- Les Grands Vassaux . . / Le Dîner de Madelon. . — 40
- Fanfan la Tulipe . . . / Pan, pan, c'est la fortune. — 40
- Le Diamant . . . . . . — 20

89e SÉRIE.
- Cri-cri . . . . / Orfa. . . . . — 40
- Quentin Durward . . . / La Chèvre de Ploërmel . — 40
- Robert, chef de Brigands. — 20

90e SÉRIE.
- Les Comp. de la Truelle . / Le Capitaine Chérubin . — 40
- Songe d'une Nuit d'été . / Un Fait-Paris . . . . — 40
- Les Frères à l'Epreuve . — 20

91e SÉRIE.
- Les Chev. du Pince-Nez . / Le Dada de Paimbœuf. . — 40
- Le Sav. de la rue Quinc . / Tant va l'Autruche à l'eau. — 40
- Le Philos. sans le savoir. — 20

92e SÉRIE.
- Le Roi de Bohême . . . / Aimons notre prochain . — 40
- Le Prêteur sur Gages . . / Le Chevalier des Dames . — 40
- Adolphe et Sophie. . . — 20

93e SÉRIE.
- Le Marchand de coco. . / Une Dame pour voyager . — 40
- Sans Queue ni Tête . . / Une Bonne pour tout faire. — 40
- Mac Dowel . . . . . . — 20

94e SÉRIE.
- Les Deux Aveugles . . . / Les Trois Sultanes. . . — 40
- L'Histoire d'un Drapeau . / L'Ut dièze . . . . . . — 40
- Farruck le Maure . . . — 20

95e SÉRIE.
- Christine à Fontainebleau / Orphée. . . . . — 40
- Le Roi des Iles . . . . / Le Paletot brun. . . . — 40
- Elodie . . . . — 20

96e SÉRIE.
- La Lanterne magique . . / L'Avocat du Diable . . — 40
- La Fille du Tintoret. . . / Madame est aux Eaux . . — 40
- Le Colonel et le Soldat . — 20

97e SÉRIE.
- Fanchette . . . . / Otez votre fille, S. V. P. — 40
- Compère Guillery . . . / M. de Bonne-Etoile . . — 40
- Françoise de Rimini . . — 20

98e SÉRIE.
- Le Jugement de Dieu. . / L'Omelette de Niagara . — 40
- Le Sang mêlé. . . . . / Le Petit Cousin. . . . — 40
- Le Pied de mouton. . . — 20

99e SÉRIE.
- La Mère du Condamné. / C'était Moi . . . . . — 40
- Charles VI . . . . . . / Je Marie Victoire . . . — 40
- La Suédoise . . . . . — 20

100e SÉRIE.
- La Sirène de Paris. . . / Le Sou de Lise . . . . — 40
- Fils de la B. au B.-Dorm. / La Veuve au Camélia. . — 40
- La Bague de fer . . . — 20

101e SÉRIE.
- Pianella. . . . . / L'Ecole des Arthur. . . — 40
- Une Pécheresse . . . . / Feu le Capitaine Octave. — 40
- La Forêt périlleuse . . — 20

102e SÉRIE.
- La fête des Loups . . . / L'Esprit familier. . . . — 40
- Un Drame de famille. . / L'Hôtel de la poste. . . — 40
- Comme on gâte sa vie. . — 20

103e SÉRIE.
- La Petite Pologne . . . / Les Comédiens de salons. — 40
- Gentilh. de la montagne. / Les Baisers . . . . . . — 40
- Les Victimes cloîtrées. . — 20

104e SÉRIE.
- Mém. de Mimi Bamboche. / Gemma. . . . . — 40
- Les Bourgeois-Gentilsh. / Matelot et Fantassin . . — 40
- Richard Cœur de Lion . — 20

105e SÉRIE.
- La Maison du pont N.-D. / Trois Amours de Tibulle. — 40
- Le Bijou perdu. . . . . / Voyage aut. de ma marm. — 40
- Les Francs Juges . . . — 20

106e SÉRIE.
- Jeanne qui pl. et J. qui rit. / Le Rosier. . . . . . . — 40
- L'Escamoteur. . . . . . / C'est ma femme. . . . — 40
- Le Prisonnier Vénitien. — 20

107e SÉRIE.
- Trottman, le touriste . . / Un Mari à l'italienne . . — 40
- La Fille des chiffonniers. / Sourd comme un pot . . — 40
- Raymond . . . . — 20

108e SÉRIE.
- Gil-Blas . . . . / Je suis mon fils . . . . — 40
- Le Chemin le plus long. / Mari aux Champignons . — 40
- La Sorcière . . . . . . — 20

109e SÉRIE.
- La Bague de Thérèse. . / L'Amour du Trapèze . . — 40
- Marg. de Sainte-Gemme. / L'Habit de Mylord . . . — 40
- La Cabane de Montainard — 20

110e SÉRIE.
- Le Bataillon de la Moselle / Le Jeune homme au riflard — 40
- Oh! la la! qu' c'est bête. / Après deux ans . . . . — 40
- Les Etouffeurs de Londres. — 20

111e SÉRIE.
- Maris me font touj. rire. / Une Ombrelle comprom. — 40
- Les Gueux de Béranger. / La Grotte d'azur . . . — 40
- Fénelon. . . . . — 20

112e SÉRIE.
- Alceste. . . . . / La Balançoire . . . . . — 40
- L'Ange de Minuit . . . / Les Deux Cadis. . . . . — 40
- Palmérin . . . . — 20

113e SÉRIE.
- Un Dimanche à Robinson / Monsieur votre fille. . . — 40
- La Beauté du Diable . . / Rosemonde . . . . . . — 40
- L'Honnête Criminel. . — 20

114e SÉRIE.
- Les deux Veuves . . . / Alexandre chez Appelle . — 40
- Les Danses nationales. . / Le Gardien des scellés. — 40
- Misanthropie et repentir. — 20

115e SÉRIE.
- Cora ou l'Esclave . . . / Si Pontoise le savait. . — 40
- Les Visitandines. . . . / Clairette et Clairon. . . — 40
- Simon le voleur. . . . — 20

116e SÉRIE.
- Les Aventuriers. . . . / Flamberge au vent. . . — 40
- Le Bouquet des Innocents / Arrêtons les frais . . . — 40
- La petite ville. . . . — 20

117e SÉRIE.
- Le Portefeuille rouge. . / La Nouvelle Hermione. — 40
- La Fille du paysan. . . / Un M. qui a brûlé une dam. — 40
- Les deux Philibert. . . — 20

118e SÉRIE.
- Le Crétin de la montagne. / Un Mari qui ronfle. . . — 40
- Le Lac de Glenaston . . / Chapitre V. . . . . . . — 40
- La Peau de chagrin. . . — 20

119e SÉRIE.
- Le Guide de l'Etranger. . / Chez Bonvalet. . . . . — 40
- L'Envers d'une Consp^{on}. / Et représenté . . . . — 40
- Le Barbier de Séville. . — 20

120e SÉRIE.
- Valentine Darmentiere. . / La Dame de Trèfle. . . — 40
- France de Simiers. . . . / Ce scélérat de Poireau. . — 40
- La Mère coupable. . . — 20

121e SÉRIE.
- Les volontaires de 1814. . / La chasse aux papillons. . — 40
- Zémire et Azor. . . . / Madelon Lescaut. . . . — 40
- Guillaume le débardeur. . — 20

122e SÉRIE.
- Rose et Colas. . . . . / Un hom. qui a perd. son do — 40
- Un Enfant de Paris. . . / Un Carnaval de troupiers. — 40

123e SÉRIE.
- La servante maîtresse. . / L'homme qui a vécu. . . — 40
- Les Mystères du Temple. / Vercingentorixe. . . . — 40

124e SÉRIE.
- Les fausses bonnes fem^s. / Matapan. . . . . . . — 40
- Les Etrangleurs de l'Inde. / P'tit fils, p'tit mignon. . — 40
- Henriette Deschamps . . — 20

125e SÉRIE.
- La Dame de Monsoreau. / L'Ecumoire. . . . . . — 40
- Bonaparte en Égypte. . / Cocatrix. . . . . . . — 40

126e SÉRIE.
- Philidor. . . . . / 1 heure avant l'ouverture. — 40
- Les Fous. . . . . / Ya-Mein-Herr. . . . . — 40

127e SÉRIE.
- Les Belles de nuit. . . / Un j. homme en location. — [illegible]
- Le Mariage de Figaro. . / Les Jours gras de Madame. — [illegible]

128e SÉRIE.
- T. de Nesle à P.-à-Mousson / Un drôle de pistolet. . . — [illegible]
- Les R. du Château noir. / L'Esclave du mari. . . — [illegible]

129e SÉRIE.
- Mauvais cœur. . . . . / Horace et Liline. . . . — [illegible]
- Défiance et Malice. . . / Les Recruteurs. . . . . — [illegible]

130e SÉRIE.
- François les Bas-Bleus . / Deux mots. . . . . . . — [illegible]
- Le Château de Pontalec. / Le Lorgnon de l'amour. — [illegible]

131e SÉRIE.
- Le père Lefeutre. . . . / Détournement de majeure — [illegible]
- La Paysanne pervertie . / L'Etincelle. . . . . . — [illegible]

132e SÉRIE.
- La Fille de trente ans. . / Le Piège au mari. . . . — [illegible]
- Chodruc Duclos. . . . / La mort de Bucéphale. . — [illegible]

133e SÉRIE.
- La Loge de l'Opéra. . . / Le Neveu de Gulliver. . — [illegible]
- Les Pirates de la Savane. / L'Enlèvement d'Hélène . — [illegible]

134e SÉRIE.
- Deux Merles blancs. . . / Toute seule. . . . . . — [illegible]
- Le Bonhomme Jacques. . / Les Jarretières d'un Huiss. — [illegible]

LAGNY. — Imprimerie de A. VARIGAULT.

www.ingramcontent.com/pod-product-compliance
Lightning Source LLC
Chambersburg PA
CBHW060613050426
42451CB00012B/2235